左岸时尚 右岸奢侈

奢侈品管理手册

Luxury
Management
Manual

黄浩洲 著

图书在版编目（CIP）数据

左岸时尚，右岸奢侈：奢侈品管理手册/黄浩洲著.—北京：知识产权出版社，2017.10
ISBN 978-7-5130-5064-7

Ⅰ.①左… Ⅱ.①黄… Ⅲ.①消费品—工业企业管理—手册 Ⅳ.① F416-62

中国版本图书馆 CIP 数据核字（2017）第 192176 号

内容提要

本书是一本融合了时尚与奢侈品行业基础知识、奢侈品牌分类简介、奢侈品管理专业学科知识、国内奢侈品行业展望与职业规划思考等诸多内容的书籍。

书名中的"左岸"和"右岸"一方面直引巴黎塞纳河左、右两岸城市区域所呈现出不同的生活节奏气息；另一方面隐喻中、西方时尚与奢侈品产业发展的不同历史及趋势。

由于本书的写作伴随作者求学、留学、游学及就业的各个阶段，收集写作素材的视角也随之过渡转移，因此书籍内容由浅入深，具有广泛的可读性。适合希望了解奢侈品牌的消费者，适合喜欢学习和研究奢侈品行业的读者和学者，适合准备去欧洲留学学习奢侈品管理的学生，也更适合时尚和奢侈品管理行业的从业者。

责任编辑：李海波　　　　责任出版：刘译文

左岸时尚，右岸奢侈——奢侈品管理手册
ZUO'AN SHISHANG YOU'AN SHECHI——SHECHIPIN GUANLI SHOUCE

黄浩洲　著

出版发行：知识产权出版社 有限责任公司	网　址：http://www.ipph.cn
电　话：010—82004826	http://www.laichushu.com
社　址：北京市海淀区气象路50号院	邮　编：100081
责编电话：010—82000860 转 8582	责编邮箱：277199578@qq.com
发行电话：010—82000860 转 8101	发行传真：010—82000893
印　刷：天津市银博印刷集团有限公司	经　销：各大网上书店、新华书店及相关专业书店
开　本：720mm×1000mm　1/16	印　张：13.25
版　次：2017年10月第1版	印　次：2017年10月第1次印刷
字　数：183 千字	定　价：75.00 元
ISBN 978-7-5130-5064-7	

出版权专有　侵权必究
如有印装质量问题，本社负责调换。

序言
PREFACE

　　写作本书的灵感源于笔者整理时尚、奢侈品管理相关书籍读书笔记时的感悟。出于专业学习的需要，也出于对"奢侈品"一词由来已久的好奇心，笔者通读了中国人民大学图书馆能找到的几乎所有以"奢侈"为关键词的书籍。借此发现的一个事实是，在中国兴起近二十年的奢侈品市场，相关的专业管理书籍尚未形成学术体系，除了极少数几本著作能够系统性、学术性、市场导向地讲解"奢侈品管理"相关研究外，绝大部分图书要么是仅关注于"奢侈品管理"涉及的某一个流程环节，要么是奢侈品牌及其产品的"扫盲贴"类图集，要么是国外有关"奢侈品管理"的相关译著。总之，作为一个"时尚与奢侈品管理"专业的学生，从现有零星的、旁敲侧击式的书籍中获取片段式的学术和管理知识，是一个痛苦而低效的过程。虽然不得不承认，"奢侈品管理学"是一个涉及社会学、心理学、经济学、管理学等多种学科相关知识的综合学科，但如何通过一本书更为切实地让人们认识"奢侈品"及其管理方法，又省去读者大量的无用功，是笔者内心强烈的渴望和动力。

　　本书第一部分编辑和整理了笔者在专业学习的过程中，查阅与搜集到的与"奢侈"相关的资料和信息，试图给喜欢学习和研究"奢侈品"行业的读者提供扎实而丰富的基础和背景知识。本书第二部分翻译和整理了笔者在巴黎专业课学习当中最为受益，在国内却缺乏相应教育理念和经验的时尚与奢侈品管理知识，希望给国内"奢侈品"行业的学者和从业者在管理及运营方面提供新的视角。本书第三部分笔者执守了两年的时间跨度，一方面，在 2014 年出国之际，结合当时中国市场快速变化的移动互联网浪潮，对在华奢侈品牌的营销创新策略作出了自己的思考；另一方面，在 2016 年回国之期，基于面临回国就业制定职业生涯规划的现实问题，梳理和分析了国内现有时尚、奢侈品就业市场所面临的机遇和挑战。

  2014 年盛夏 8 月，笔者离开了宁静、温馨的北京校园，前往奢侈品研究已经成为一门成熟专业学科的巴黎留学，去继续完成这一充满艺术与科学价值的探索之旅。在这奇妙的一年多的求学之旅中，笔者有幸游历了欧洲 15 个国家，超过 40 座主要城市，不断地在"奢侈品"起源之地的欧洲大陆挖掘最为新鲜的、最原汁原味的学术与管理理论，并将其与已知的中国市场形势相结合，期待带给读者最为朴质实用、通俗易懂、图文并茂的"时尚与奢侈"知识大餐。

目录 CONTENTS

Part 1　集百家之言鉴"奢侈"

第 1 章　集百家之言谈"奢侈"·002

1.1　"奢侈"的概念·002
  1.1.1　奢侈的概念·002
  1.1.2　奢侈品的概念·004
  1.1.3　奢侈品品牌的概念·007
1.2　时尚、时尚品、时尚品牌·015
1.3　潮流、时尚与奢侈的界定·016
  1.3.1　时尚与潮流的关系·016
  1.3.2　时尚与奢侈的关系·016

第 2 章　借历史比"奢侈"·018

2.1　西方的新、旧奢侈时期与中国的奢侈思潮·018
  2.1.1　西方的新、旧奢侈时期·018
  2.1.2　中国的奢侈思潮·025
2.2　中、西方奢侈品品牌命名的差异·029
  2.2.1　西方奢侈品品牌的命名·030
  2.2.2　中国"奢侈品品牌"的命名·031
  2.2.3　中国第一个本土奢侈品品牌
    ——Shanghai Tang（上海滩）·033

第3章 从产业观"奢侈"·035

3.1 奢侈品品类的细分·035

3.2 服装类奢侈品行业·049

 3.2.1 行业概述·049

 3.2.2 服装类奢侈品品牌·054

3.3 皮具类奢侈品行业·058

 3.3.1 行业概述·058

 3.3.2 皮具类奢侈品品牌·059

3.4 飞机类奢侈品行业·062

 3.4.1 行业概述·062

 3.4.2 飞机类奢侈品品牌·064

3.5 游艇类奢侈品行业·068

 3.5.1 行业概述·068

 3.5.2 游艇类奢侈品品牌·069

3.6 汽车类奢侈品行业·073

 3.6.1 行业概述·073

 3.6.2 汽车类奢侈品品牌·078

3.7 珠宝类奢侈品行业·082

 3.7.1 行业概述·082

 3.7.2 珠宝类奢侈品品牌·083

目录

3.8 钟表类奢侈品行业·087

 3.8.1 行业概述·087

 3.8.2 钟表类奢侈品品牌·091

3.9 化妆品类奢侈品行业·095

 3.9.1 行业概述·095

 3.9.2 化妆品类奢侈品品牌·099

3.10 酒类奢侈品行业·103

 3.10.1 行业概述·103

 3.10.2 酒类奢侈品品牌·106

Part 2 取百家之长学"奢侈"
——我的欧洲留学笔记

第1章 时尚记号心理学·112

1.1 时尚的记号·113

1.2 记号分析营销学·117

 1.2.1 商业沟通优化工具·117

 1.2.2 品牌延伸法·119

1.3 时尚记号分析模型·122

 1.3.1 Actantial 模型·122

 1.3.2 记号学矩阵·124

第 2 章　视觉陈列管理·126

  2.1　消费者体验与视觉陈列·126

  2.2　店铺分区及平面图·129

  2.3　橱窗设计·134

第 3 章　时装的周期·138

  3.1　传统时装的周期·138

  3.2　被颠覆的传统时装周期·141

第 4 章　零售店铺管理·144

  4.1　零售店铺管理流程及准则·144

  4.2　零售店铺管理考核——神秘客户·147

Part 3　效百家之法荐"奢侈"

第 1 章　奢侈品品牌的营销渠道及创新·152

  1.1　"渠道"的定义·152

  1.2　奢侈品品牌的传统销售渠道·153

    1.2.1　销售渠道的方式·154

    1.2.2　销售渠道的类型·159

  1.3　奢侈品品牌销售渠道创新的进程·164

    1.3.1　渠道创新的前奏·164

目录

      1.3.2　从 4P-4C-4R 看"渠道"创新的趋势・166

      1.3.3　"线上"与"线下"的博弈论・170

      1.3.4　巴宝莉 Burberry 入驻天猫・171

  1.4　奢侈品品牌销售渠道创新的展望・174

      1.4.1　欧莱雅移动电商的微信之路・175

      1.4.2　百年爱马仕的新世纪数字化营销之路・177

  1.5　中国视角之"电商的 C2B 之梦"・179

      1.5.1　梦想的摇篮——中国的城市化进程・179

      1.5.2　梦想的平台——中国的互联网发展进程・180

      1.5.3　梦想的步伐——从 B2B 到 B2C・180

      1.5.4　梦想的步伐——从 B2C 到 O2O・181

      1.5.5　梦圆何时——从 O2O 到 C2B・182

第 2 章　本土奢侈品行业就业市场・185

  2.1　国内奢侈品行业的机遇与挑战・185

  2.2　关税改革和全球调价・186

  2.3　关店潮与去高管化・189

  2.4　电商化的浪潮・191

  2.5　关于职业生涯的一点思考・193

参考文献・196

致谢・198

PART 1

集百家之言鉴"奢侈"

第 1 章 集百家之言谈"奢侈"

1.1 "奢侈"的概念

笔者在研读与"奢侈"相关专业书籍的过程中,曾对几个与"奢侈"相关的概念产生过混淆。后来读了刘晓刚教授的《奢侈品学》一书,通过对"奢侈""奢侈品""奢侈品品牌"三个词的辩证理解,才对"奢侈"有了一个更为清晰的认知:"奢侈"是指消费行为这种举动,"奢侈品"是指商品的一种物质属性,而"奢侈品品牌"则是指一种商业文化里的精神符号。三者的辩证关系是:"物质"在消费者的"行为"参与下逐渐形成了一种商业精神"符号"。

在理解了"奢侈品学"以上这个框架体系之后,接下来笔者想结合自身在学习过程中整理的一些笔记和自己的感悟,以"集百家之言"的方式和大家一起品鉴"奢侈"。

1.1.1 奢侈的概念

在中国传统文化里,很早便有过关于"奢侈"的描述。最早见于《国语·晋语》："及桓子，骄泰奢侈，贪欲无艺，略则行志。"后有，唐代诗人罗隐的《秦中富人》："粪土金玉珍，犹嫌未奢侈。"近代清朝昭梿的《啸亭杂录·尹阁学》："天下督抚，习为奢侈，因之库藏空虚，民业凋敝。"也有瞿秋白的《关于女人》："奢侈和淫靡只是一种社会崩溃腐化的现象，绝不是原因。"而在《现代汉语词典》里，则解为："（生活）过分铺张；（建筑、器物）富丽堂皇，过分华丽。"

在西方历史上，"奢侈 Luxury"一词源于拉丁文的 Lux"光"，原意为"极强的繁殖力"，后演变出了浪费、挥霍的含义。在孟德斯鸠《论法的精神》一书中提到："奢侈和财富的不均永远是呈正比的。如果某个国家的财富都被平均分配的话，奢侈将不会存在；而奢侈只能建立在从他人的劳动中获取安逸的基础之上。奢侈又伴随着城市的扩大而发展，尤其是首都的繁荣。因此，奢侈是与国家的财富、私人财产的膨胀以及集中于某些地区的人口增长相联系。"德国新历史学派经济学家桑巴特则在研究了欧洲 15 世纪至 18 世纪资本主义形成历史的基础之上，给出了"奢侈"的界定："任何超出必要开支的花费"，"具有历史的相对性"，"具有时代"的规定性。而同样来自德国的沃夫冈·拉茨勒在《奢侈带来富足》一书中，将"奢侈"定义为"一种整体或部分地被各自的社会认为是奢华的生活方式，大多由产品或服务决定"。"奢侈品"的概念由此也在此书中得到了延伸："除了物质产品之外，还有健康、休闲、旅游、体验、饮食、运动、社交等诸多方面。"

纵观中、西方文化历史的更迭，对于"奢侈"这一概念，传统的理解都是"一种浪费、过度消费的行为举动"，带有明显的贬义色彩。但同时"奢侈"又具有历史的阶段性和地域的局限性。比如在物质极大丰富的今天，人手一台笔记本电脑、一部智能手机毫不稀奇，可要是回到 20 世纪 90 年代初的中国，这绝对是不敢想象的"奢侈"；类似地，在美国"每个家庭一套房、两辆车"是标准生活状态，但这样的"奢侈"估计在某些贫困国家只能是个梦。

此外,"奢侈"之举确实也与财富的多寡息息相关。《红楼梦》中所描述的"金陵十二钗"服必"绫罗绸缎",大观园内一派"枕木奇石"景象,与布衣百姓的粗食陋室比较起来,不可谓不算"奢侈"。但这一切都是以贾府的政权背景为支撑的。

随着社会价值观多元化的发展,可可·香奈儿女士曾说:"奢侈的对立面不是贫穷,而是庸俗。"从这个角度来讲,"奢侈"不再是一种贬性含义的"行为",而是社会精英人群出于高标准的自我期许和生活要求,"奢侈品"只不过是彰显和满足这种"褒义"高标准的物质手段而已。

再看看如今Hermès(爱马仕)男装首席女设计师妮莎尼安对于"奢侈"的理解和阐述:"我们每个人都有权利梦想或追求高品质的东西。虽然,不是每个人都有财力购买爱马仕的高单价产品,但你应该保持梦想不灭。""我们容忍人的小缺点,说那是人性;但物如果有瑕疵,却没人接受;我觉得那就是人与物的区别。所以,你可以穿着完美的爱马仕展示你的小缺陷,那大概会放大你的可爱和迷人吧。"

几句透彻而又幽默的话语道出了现代社会赋予"奢侈"的梦想精神。

时代在变,观念也在变,但不变的应是人们追求美好生活的态度和给明天"造梦"的勇气。

1.1.2 奢侈品的概念

1.奢侈品的定义

"奢侈品"在国际上被普遍认可的一个定义是:一种超出人们生存与发展需要范围的,具有独特、稀缺、珍奇等特点的消费品,又称非生活必需品。但从不同的社会结构、历史环境和评判角度来看,"奢侈品"又具有不同的含义。

例如,从营销学的角度来看,"奢侈品"指无形价值与有形价值之比高的产品;从经济学的角度来看,"奢侈品"指相对于普通商品价格高出许多的产品;从社会心理学来看,"奢侈品"是提升生活水平、彰显个人身份地位的物质手段。

许多人一提到"奢侈品",总会将其与具有一定贬义色彩的"奢侈"一词相联系。一开始,笔者也不自觉地带有这样的心理暗示。但随着学习的深入和理解,开始认识到,我们现在所接触到的"奢侈品",作为工业时代的产物,更多体现的是一种经济属性。其背后是精益求精的工匠精神、科学化的生产制造体系以及一流的品牌营销策略。我们不应该过多地用社会属性的价值取向标准用来评判商品经济属性的产品,毕竟两者存在于不同的价值体系中。

创新的、虚浮的、偏执的、奢靡的,这是奢侈品;古典的、沉稳的、理性的、雅致的,这同样是奢侈品。奢侈品满足了你,哪怕一点点,它就是好的。其他的就交给哲学家、经济学家还有社会学家慢慢谈论去吧。

工艺、历史、文化,共同赋予了奢侈品功能性和象征性;而这个带有价值感情色彩的世界则透过奢侈品来让人性中很多美的和丑的东西暴露无遗。所以,让我们摘掉有色眼镜去欣赏这些工匠精神和文化艺术的结晶——奢侈品吧。

2. 奢侈品的特性

虽然奢侈品在不同的时代背景和社会、经济结构中有不同的定义,但大致说来,当今主流奢侈品都具有以下几类主要特性。

(1)经典与时尚:奢侈品的用料选采于全球顶级供应商;制造来自世界一流的团队;设计来源于设计师的独特灵感,既传承品牌精髓,又响应时代精神,引领时尚潮流;主要销售渠道是位于世界最繁华商业步行街的零售店铺。而这一切只为呈现最完美的产品。Gucci(古驰)的竹节包原创于1940年,竹节手柄取材于中国、日本及越南最优质的竹林,经特殊工艺火烤加热软化,弯曲成一个独特的"U"形,再通过四个金属环串联竹节后与包身连接,造就出手提包中最具辨识度的经典元素。大半个世纪过去了,竹节包跨越时间、跨越国度,经久不衰,成为全球包迷们最想收藏的奢侈品之一。

（2）国际性：全球统一的产品品质、全球统一的零售店店面形象、全球统一的品牌形象及承诺。一个Chanel（香奈儿）的忠实粉丝除了希望在伦敦的牛津街、巴黎的蒙田大道上的Chanel零售店买到自己心仪的套装或包包，当然也希望在某次旅行或出差的时候，香港中环、东京银座，以自己熟悉的方式挑选最爱的Chanel礼物。

（3）稀缺性：原材料的稀缺性、制作过程的耗时及难度、不可或缺的人文因素、独一无二的工艺手法等一切客观因素造成了奢侈品的稀缺性。当然，有时候也会因为营销手段等人为因素限量生产造成稀缺，使得奢侈品千金难求。Hermès（爱马仕）炙手可热的铂金（Birkin）包就是这样。工匠们必须在培训5年之后才可能碰到铂金包，而每一个皮包的最后打造缝制就需要5~20个小时的工时。所以一般从顾客下订单到拿到成品，至少要等待2年的时间。而真实的情况是，当你排队等到可以下预订单的时候，往往被告知的是"已经停止预定了"。

（4）符号性：奢侈品是一种价值观、一种生活态度、一种身份地位的精神载体。它的价格、工艺、用料、代言人、品牌口号等，所有的一切元素都在向这个世界宣告"我是这样一个人"。中国消费者在使用欧洲奢侈品的时候，幻想的是来自异域的生活方式。中国同时也是个平等竞争的社会，人们都渴望上进，因此奢侈品也被视作一个工具，敦促你不断追求成功，而不是仅用来标志已经取得的成就。"旅行的艺术"就是Louis Vuitton（路易威登，即LV）箱包最好的精神符号。鼓励你踏上一场寻觅的旅程，遇见一个未知的自己，LV一路带给你最惬意、舒适、安全的保护；当你去过了很多风景，遇见了很多人，慢慢回忆起来，你的旅途里始终有LV带给你最忠实可靠的细心呵护。

（5）非必需性：奢侈品并不完全是为了满足某一功能需要而存在的，它一定具有某些超出理性和实际使用需求范围的，情感的、功能的、材料的等价值。这也是某些最出众的高科技产品，如iMac Pro苹果电脑、EOS-1D X佳能单反相机等，并没有被看作奢侈品的原因。因为它们都太功能化了，太有用途了，甚至再先进一点点都不为过，都是消费者实际所需要的，它们并不能调动购买者产生奢侈品欲望的不合理的心理。

（6）地域性：奢侈品的原产地概念。如法国香槟葡萄酒、瑞士手表、意大利皮具等奢侈品，出于保护其不因改变原产地环境或气候条件而严重影响奢侈品品质，或不被泛滥制造，而成为奢侈品的一个必要条件。《马德里协定》规定，只有在法国香槟区，选用指定的葡萄品种，根据指定的生产方法流程所酿造的气泡酒，才可标注为 Champagne（香槟）。其他产区或葡萄品种酿制的气泡酒，只能称为"气泡酒"。

（7）历史传承性：奢侈品集中了最先进的工艺、最优质的原材料、最和谐的产品美学、最具个性化和人性化的品质内涵，它能够创造经典，也能够不断结合时代和生活的灵感进行创新，唯其不变的是自品牌创立以来的品牌风格和灵魂。Christian Dior（克里斯汀·迪奥）自 1946 年由迪奥先生创建以来，虽然在 70 多年的时间里相继交给几任天才设计师操刀，但 Dior 品牌背后不变的灵魂是"精致剪裁""高级华丽"。如今，Dior 象征着法国时装文化的最高精神，品牌地位在巴黎也是执牛耳者。

当然，在商业环境下，奢侈品的推广和传播，离不开奢侈品背后那支世界一流的营销团队，而奢侈品品牌则赋予了奢侈品更为饱满和具有传奇色彩的精神内涵。

1.1.3　奢侈品品牌的概念

"品牌"一词最早源于古老的斯堪的纳维亚语"brandy"，意思是"燃烧，打上烙印"。一开始它是被牲畜的拥有者用来标示他们所拥有的动物的工具。而"品牌"在商业领域的应用及管理则要归功于 1931 年 P&G（宝洁公司）实行的品牌经理人制。

品牌是给拥有者带来溢价、产生增值的一种无形的资产，它的载体是用以和其他竞争者的产品或劳务相区分的名称、术语、象征、记号或者设计及其组合，增值的源泉来自消费者心智中形成的关于其载体的印象。

产品与品牌是一个不可分割的整体，品牌是承载产品品质、风格、形象、价值、品类、功能等一系列无形信息的符号语言。品牌向外界传达着企业的文化、价值观，以及产品背后的故事和它所倡导的一种生活方式。如果说产品是与消费者产生直接关联的媒介，那么品牌就是捕获消费者心灵的法宝。

亨利·福特曾说：你可以没有资金、没有工厂、没有产品，甚至可以没有人，但你不能没有品牌。有品牌就会有市场，当然也会有其他。

现代商业社会，企业间竞争更加激烈，随着产品的更加丰富和同质化，企业的边界也在变得越发模糊。这时候，品牌就成了消费者区分企业的一个重要而有效的途径。也只有品牌才能赋予实物一种感受，通过围绕产品形成一套感官体系，打动并说服消费者选择这个品牌而不是其他品牌。

对于奢侈品更是如此。奢侈品之间竞争的核心，不再是产品本身，而是产品带给消费者的感觉。产品的内在或外在品质，都只是整个感觉链的一部分而已，更重要的是品牌所能够与顾客建立起来的一种联系。征服了感觉，也就赢得了消费者。同为"奢侈品"，如何来区分小巧精致、摩登简约的"赫本包"和优雅华贵、端庄正式的"凯利（Kelly）包"这两个风格截然不同的产品呢？这时候品牌会帮助我们识别，前者是Gucci（古驰），而后者是Hermès（爱马仕）。

我们知道，消费者购买物品一般基于三种利益：功能利益、情感利益和象征性利益。对于奢侈品而言，奢侈品品牌主要就是在满足消费者的情感利益和象征性利益。奢侈品品牌给奢侈品附上了一层神秘的色彩，让消费者感觉到拥有这个品牌的某件产品，就如同拥有了一种渴望、一种梦幻、一种梦想一样。在真正拥有这件奢侈品之前，这种"拥有"的渴望如同魔法一般，牢牢抓住消费者的心灵，它是如此神奇、如此魂牵梦萦，早就摆脱了理性的束缚。

当然，我们需要注意并区分的是，世界"最具价值的品牌"并不一定等同于"奢侈品品牌"。如 World Brand Lab（世界品牌实验室）发布的 2013 年（第十届）世界品牌 500 强名单中，前三甲分别是 Google（谷歌）、Apple（苹果）、Amazon（亚马逊）这三家科技或网络公司。而榜单上排名最前列的，与"奢侈品"挂钩的"奢侈品品牌"则是 BMW（宝马），位于第 15 名。连续十多年发布的世界品牌 500 强排行榜评判的依据是品牌的世界影响力。品牌影响力是指品牌开拓市场、占领市场并获得利润的能力。品牌影响力的三项关键指标，即市场占有率、品牌忠诚度和全球领导力。

从这里我们可以再次印证传统"商业品牌"与"奢侈品品牌"的不同：奢侈品品牌本身的产品应当是超出人们生活必需范围的非必需品。Google、Apple 的产品或科技再先进、再发达都不为过，因为都是与人类"更好、更高效、更智能化"的生活需求相符的。而一辆售价超过 300 万元人民币、最高时速达 330km/h 的 BMW M6 硬顶跑车，对于高速路限速 120km/h，2013 年人均 GDP 才 6629 美元（全球排名第 86）的中国来说，毋庸置疑是一件非必需的奢侈品了。

国际奢侈品品牌在中国的进入和发展虽然只有十几年的时间，但是在其发源地欧美等国，却有着上百年的历史。奢侈品虽然形态万千，但奢侈品品牌的管理和成功之路却有着诸多相似和共同的要素，希望通过对国外奢侈品品牌的国际化之路的研究和学习，可以探索出培育和发展中国本土奢侈品品牌的方法及道路。

1. 奢侈品品牌成功的十大法则

（1）品牌定位：杰克·特劳特在其经典著作《定位》中指出，定位就是让品牌在消费者的心目中占据最有利的位置，使品牌成为某个类别或某种特性的代表品牌。Ferragamo（菲拉格慕），这个意大利乃至世界制鞋界的翘楚，从 Salvatore Ferragamo（萨尔瓦多·菲拉格慕）创立品牌的那一天起，就致力于设计华贵典雅的鞋子，并坚持以手工工艺兼顾舒适性与时尚度。即使是在订单需求不断增长的情况下，Ferragamo 被迫扩充生意，但仍然拒绝利用机器造鞋,而是利用手工生产线,让每个工匠在造鞋的过程中只专门负责某一个部分,提高工匠熟练度从而提升单位时间的生产效率。Ferragamo的鞋类产品为全世界的名媛淑女们所向往。奥黛丽·赫本、索菲亚·罗兰、玛丽莲·梦露、麦当娜,这些在世界电影发展史上熠熠生辉的名字,都与Ferragamo结下了一段又一段"仙履奇缘",为时尚界留下了无数美好回忆。

（2）美学与内涵的品牌标志：品牌标志作为一种"视觉语言",与品牌名称相辅相成,都是构成完整品牌概念的要素。品牌标志自身能够创造品牌认知、品牌联想和消费者的品牌偏好,进而影响品牌体现的质量与顾客的品牌忠诚度。Gianni Versace（詹尼·范思哲）以希腊神话里的蛇王女妖"Medusa（美杜莎）"作为品牌标志,传说任何直望美杜莎双眼的人都会变成石像,因此后来她代表着致命的吸引力。而范思哲的服装哲学里汲取了古希腊、埃及、印度等国的瑰丽文化,不仅有着超脱歌剧式的华丽,还有着极强的先锋潮流艺术特征。这种设计风格鲜明、美感独特的品牌形象让范思哲风靡全球。

（3）设计师明星化：还记得每季时装周落幕后,在国际顶级模特们的拥簇下最后登上T台,在热烈的欢呼声中以欣慰的笑容简短答谢现场的那个人吗？是的,他（她）就是整个秀场背后的灵魂人物——首席设计师。这个角色,在奢侈品行业,是如此神圣。他是一个品牌精神的最佳传承者,他的这季创意灵感和设计哲学,将会在国际时尚界掀起一场新的潮流。他的精神会通过服装的剪裁、用料的色彩、缝制的工艺形成一种鲜明的风格,并强而有力地向外界展示出你的品位。穿Hugo Boss（雨果·博斯）的Power Suit（权力套装）会让你显得稳重权威、气宇非凡；穿Calvin Klein Jeans（卡尔文·克莱恩 牛仔系列）会让你显得休闲舒适。当设计师的精神与品牌的灵魂相互呼应,消费者会记住也能感受到品牌的精神就在他们身上。

（4）代代相传的品牌故事：多少次,我们不断地回味一些神话般的经典品牌故事："皇帝的珠宝商,珠宝商的皇帝——Cartier（卡地亚）"；"没有人真正拥有你，只不过是为下一代保管而已——Patek Philippe（百达翡丽）";"玛丽莲·梦露睡觉时什么也不穿，只穿 Chanel NO.5"。一些历史里或许不经意的话语，抑或不经意的瞬间，被奢侈品捕捉了下来，精妙地编述成一个与品牌相关联的故事，并在不同的场合，不断地重复。时光易逝，品牌的内涵却随着这些不断重复的故事历久弥新，渐渐成为一个世人传颂的传奇。

（5）限量创造稀有性："有钱都买不到"总是比"钱多才买得到"还要更让人感觉高贵和势在必得。"只为少数人拥有"更是让得到的人炫耀、珍藏，让得不到的人羡慕、惋惜。奢侈品似乎就应当这样因"稀有"而"珍贵"，因"珍贵"而"稀有"。爱马仕经典中的经典凯利包和铂金包，永远是有钱也买不到的身份象征，能在一个等待两年的订单上"榜上有名"已经是喜出望外的事了。而对于一块 Patek Philippe（百达翡丽），你需要一个"十年"来耐心守候。

（6）明星、政要的亲密联系：看看各大奢侈品品牌背后的故事，其发展与成功无不是与明星、政要紧密相连。Givenchy（纪梵希）和奥黛丽·赫本的故事通过《Tiffany 的早餐》成为传世美谈；温莎公爵将第一份 Cartier 珠宝赠予温莎公爵夫人，由此定下了二人一生的传奇情缘；前美国第一夫人杰奎琳·奥纳西斯（Jacqueline Onassis）在整个 20 世纪 60 和 70 年代，都挽着不同质地的一款 Gucci 手袋到处游走，后来这款包被称为 Jackie O 包。

（7）手工工艺：奢侈品之所以能俯视普通产品，是因为它永远不计成本和时间来追求最好的产品。最好的设计、最好的质料、最好的手工，集合成最好的作品，为每一个拥有它的人带来艺术般的享受。通常各大奢侈品品牌为追求不同于他人的做工工艺，会高薪留下资深工匠，像 Tiffany（蒂芙尼）和 Louis Vuitton 这样的大品牌都拥有几代为之工作的老工匠。老工匠、手工工艺，可以说是主打皮革、皮草产品奢侈品品牌的一项最为重要的核心竞争力。像 Fendi（芬迪）的皮草、Tod's（托德斯）的豆豆鞋、Loewe（罗威）的 Laura Ponte（劳拉·庞）新娘扇，无不是工匠精神和极致手工工艺的经典代表。

（8）设计创新：传承品牌核心理念，塑造品牌灵魂，把握品牌定位，顺应时代精神，针对目标消费者，赶在世界四大时装周上发布新一季的产品风格，是对所有奢侈品品牌最大的挑战。但是，其中的尺度是成功关键：那就是当市场长期热销时，你保有品牌核心特色80%，只在20%基础上加入新元素，如同LV每季只需变化Monograme（字母组合）花纹，Chloé（寇依）改变袍式裙的面料刺绣即可，而对于正在走下坡路或面临老化的品牌，却需要倾倒、颠覆性创新设计，进行革命性改变。每一季的经典款，既是与老顾客进行品牌精神的默契承诺，也是给品牌的新顾客一个认识品牌最直接、最简单而有效的心灵互动。

（9）圈子营销：不同于普通产品大众渠道的全面营销，奢侈品品牌的传播和营销方式更多的是在某个特定的圈子里面，针对"塔尖"上那部分社会精英人士进行的精准营销。ELLE、VOGUE、时尚这一类杂志传媒是各大奢侈品必争的营销重地。奢侈品品牌的零售店也绝不会因节约运营成本而设立在三四线城市某个落寞的街角。相反，在世界最为繁华的商业街头，最显眼、最昂贵的广告栏上才是奢侈品品牌们不惜重金都要拿下的战略高地。这不仅是在向外界塑造品牌自身的高端形象、奢华地位，也是在与目标客户群体的高贵身份相呼应。

（10）明星产品：Issey Miyake（三宅一生）的褶子衣，Gucci（古驰）的赫本包，Dunhill（登喜路）的打火机，Yves Saint Laurent（伊夫·圣·罗兰）的吸烟装，这些在国际时尚舞台上名声赫赫的产品无一不是奢侈品品牌的代名词，它们是一个品牌核心灵魂的缩影。

2. 中国本土时尚奢侈品品牌——NE·TIGER（东北虎）

NE·TIGER（东北虎）品牌，由张志峰先生于1982年创立，经过了三十多年的积累和发展已经成为中国本土少有的顶级奢侈品品牌。作为中国服饰文化的守护者和传承者，NE·TIGER始终秉承"贯通古今，融汇中西"的设计理念，致力于复兴中国奢侈品文明，新兴中国奢侈品品牌。

NE·TIGER早期以皮草的设计和生产为起源，迅速奠定了其在中国皮草行业中的领军地位。在近20年发展历史中，该品牌更相继推出了晚礼服、中国式婚礼服和婚纱等系列产品，并开创性地推出高级定制华服。"华夏礼服"即是华服，是代表中华民族精神的礼服，也被称为中国人的国服。NE·TIGER华服的设计可以高度概括为五大特征：以"礼"为魂，以"锦"为材，以"绣"为工，以"国色"为体，以"华服"为标志，凝汇呈现数千年华夏礼服的文明，开创现代中国特有的一种服饰形象。

那么，在中国经济尚未起步的20世纪80年代，在本土时尚及传媒产业尚处萌芽状态的20世纪90年代，抑或是在国际奢侈品品牌先后入驻中国市场的21世纪初的前十年里，NE·TIGER经历了一条怎样的成长之路，并在国际奢侈品"兴风作浪"的中国市场"自立山头"呢？它的成功之路又是否可以被国内其他本土时尚品牌所借鉴或复制呢？

NE·TIGER的成功要素：

（1）品牌定位：复兴中国奢侈品文明，做中国第一奢侈品品牌。

（2）美学与内涵的品牌标志：和很多喜欢标榜自己来自海外的品牌不同，张志峰从不掩饰NE·TIGER的中国出身，并将中华民族特有的历史文化融入品牌，形成了"融汇古今、贯通中西、古为今用、洋为中用"的文化内涵。

（3）设计师明星化：品牌创始人及艺术总监张志峰，身兼亚洲时尚联合会中国主席团联合主席，中国流行色协会副会长，被誉为"中国奢侈品第一人"。

（4）代代相传的品牌故事：20世纪80年代，NE·TIGER主要以代工为主；从1992年起，相继在法国、意大利、美国、中国香港地区成立了NE·TIGER全球四大设计营销中心，并针对当时皮草大多款式简单、颜色沉闷的问题，从产品原料入手，保证每一块皮草原料均来自丹麦、美国、加拿大等世界顶级水貂产地，并辅以世界一流的毛皮制作工艺。现在，NE·TIGER已成为哥本哈根"紫色俱乐部"的第一个中国会员，享有在设计中采用世界顶级的"紫色级"皮草的权利。

（5）限量创造稀有性：2010年，由NE·TIGER创制、织造绝技堪称国宝级巅峰巨制的《鸾凤双栖牡丹》缂丝华服，得到首都博物馆永久的珍藏。

（6）明星、政要的亲密联系：2006年，NE·TIGER在北京举办的芭莎慈善夜上捐出了一件"凤衣"，竞拍出了166666元人民币的全场最高价，最后由影星周迅获得；2007年，为丹麦王妃定制华服并举办了"丹麦王子与NE·TIGER中国之约"活动；2011年1月，NE·TIGER作为唯一的服装品牌助力国家形象纪录片的拍摄，章子怡、张梓林等明星穿着NE·TIGER的华服出镜。

（7）手工工艺：2003年，NE·TIGER推出"名媛"高级晚礼服系列——中国第一个高级定制晚礼服系列，开创了中国晚礼服元年；2006年提出了"中国奢侈品复兴与新兴宣言"，并推出了中国第一个高级定制中式婚礼服"凤"系列，结束了中国没有自主品牌高级定制婚礼服的历史；2009年推出"蝶扇·缘"2010高级定制华服系列，又创新推出结绳绝艺，在结绳的材质上，耗费巨大人力物力，培育出自明清时已名满天下、专供织造皇帝御服的珍品辑里湖丝。

（8）设计创新：张志峰将"贯通古今，融汇中西"的设计理念引入NE·TIGER，不断推陈出新。2003年NE·TIGER的"名媛"高级晚装发布会在中国首开纪录，被誉为"开创了中国晚装元年"；2004年NE·TIGER发布"豹"高级晚装发布会，成为全球潮流的爆发点；2005年NE·TIGER的"爱"高级婚礼服发布会，以"要拥有、要珍藏、要传承"的口号宣告了一场观念上的婚纱革命；2006年NE·TIGER的"凤"高级婚礼服发布会，更确立了中国的高级定制婚礼服的精髓。

（9）圈子营销：致力于为成功人士创造尊贵体验，从1996年在哈尔滨建立第一家皮草旗舰店起，NE·TIGER的每处专卖店都能带给人一次新的体验。2003年，中国形象店入驻北京王府井高档商圈——东方新天地；2006年，入驻青岛的阳光百货。

（10）明星产品：2003年中式晚礼服；2006年中式婚礼服"凤"；2009年"蝶扇·缘"高级定制华服等。

一个时装或时尚品牌，要蜕变为一个奢侈品品牌，要完成许多里程碑式的跨越。品牌风格虽千差万别，但成长的道路却具有诸多相似之处，可以为后来者借鉴。希望NE·TIGER30多年的中国本土顶级时尚奢侈品品牌成长之路，也能够激发和指引更多的中国本土时尚品牌向奢侈品品牌蜕变。

1.2 时尚、时尚品、时尚品牌

一提到"奢侈品"，人们总会联想到时尚与潮流，但是又常常将时尚品与奢侈品、时尚品牌与奢侈品品牌混为一谈。我们依然借助"奢侈、奢侈品、奢侈品品牌"的逻辑关系来分析"时尚、时尚品、时尚品牌"，从而理清"时尚"与"奢侈"的微妙"暧昧"关系。

时尚是一个时期的流行风气与社会环境，时尚引领潮流，是流行文化的表现。时尚也是一种反映社会的工具，在每个社会阶段都具有自己的流行趋势，每个想要追求时尚的朋友只要抓住这个趋势，也就是真正的时尚。时尚涉及生活的各个方面，如衣着打扮、饮食、行为、居住、消费甚至情感表达与思考方式等。也正是人们对时尚的追求，才促使生活变得更加美好，无论是精神的或是物质的。

相应地，时尚品就是人们在追逐时尚的过程中，帮我们把生活变得更美好的东西。

时尚品牌，即当某一产品或服务成为某一社会阶段人们争相购买和追求的目标，拥有它就成为拥有时尚、把握潮流的代名词时，其产品或服务的自身品牌。

1.3 潮流、时尚与奢侈的界定

我们常说时尚引领潮流，而顶级奢侈品品牌在国际时装周的新品发布会则引领全球时尚趋势，似乎有一个"奢侈＞时尚＞潮流"的逻辑关系。但是在法国，奢侈品行业又被划归到时尚产业。那么这三者之间究竟有着怎样的关系呢？

1.3.1 时尚与潮流的关系

很多人会把时尚与潮流（流行）相提并论，其实两者并不相同。简单地说，时尚可以流行，但人群范围或者持续时间应该是一个有限的概念。如果广为流行，那还有时尚的感觉吗？比如上海作为中国的国际性大都市，也是中国最早的商业中心之一。当初第一批穿西服打领带的高级白领可谓时尚感十足，西服套装迅速形成一股潮流在办公室里蔓延开来。但随着时装业的发展，人们审美眼光的提高，越来越多的大众百姓开始在非正式场合或非工作场所穿着西装，自然而然这种穿着也就不再是当初让人们感觉时尚、前卫的打扮了。

因此，我们可以说流行是大众化的，而时尚相对而言是比较小众化的，是前卫的。流行的意义很简单，一种事物从小众化渐渐变得大众化，便是流行。而时尚则是结合流行的元素和小细节，经过拼凑和搭配，彰显的是其自身的个性和品位。

1.3.2 时尚与奢侈的关系

行为：如果把"时尚"理解为人们彰显自我个性、追逐或塑造潮流的行为，那么"奢侈"就可以从褒义的角度理解为人们追求更高标准生活质量的行为。如果说追求时尚不在于被动的追随，在于理智而熟练的驾驭，那么追求奢侈更多的时候就是一种脱离了实际、更具感性色彩的梦想。

物质：奢侈品考虑用最好的材料，不计成本，只为创造最好的产品；时尚品则考虑怎么用更低的成本，生产符合潮流的产品。

品牌：奢侈品品牌和时尚品牌是不同的，前者需要长期的积累，而后者是目前的潮流。一个品牌可以从纺织品和装饰配件领域开始发展成为一个时尚品牌，但只有真正有了一定的稳定性和持久性的时候，它才会具有一点"奢侈品"的地位。而当它的身份从"时尚"向"奢侈"过渡的时候，就会创造出"经典"的款式，这需要每年都保留下去，并且可以成为一种风格，从而创造出永恒的"畅销"局面。一旦能够推出历久不衰的经典款式，成为长年热卖的签名风格，这时候时尚品牌才更有可能跃升为奢侈品品牌。

借历史比"奢侈"

2.1 西方的新、旧奢侈时期与中国的奢侈思潮

2.1.1 西方的新、旧奢侈时期

要研究"奢侈"的起源及发展历史,就不得不把目光放到"奢侈品"发源地的西方欧美各国。"奢侈品学"是一个融合了制造管理、供应链管理、服装及艺术设计、品牌营销、传媒、消费者心理学等多角度体系的综合学科,这使得它的研究不像"互联网技术""汽车工业"等科学技术类学科那样,有清晰明显的发展历程来佐证列史;再加上"奢侈"行为及"奢侈品"的定义和划分本身就具有一定的模糊边缘,因此在本书中,就从"消费者奢侈行为演变"的角度,来谈论和分析西方世界的新、旧奢侈时期。

1. 旧奢侈时期

在经济落后、生产力水平低下、君权神授的封建时代,西方世界最早的"奢侈"行为产生于君主及贵族阶级。华丽的衣裳、辉煌的宫殿、精致的家饰,这是最高统治阶级们享受奢华生活的最佳标准。从如今各大国际奢侈品的品牌故事里就可以看到品牌创立之初,创始人及其家族为欧洲皇室定制精美贡品的悠久历史。其实也正得益于这样的"奢华基因",给这些品牌的发展烙上了珍贵的"皇室"血统,成为品牌宣传上最骄傲的"高贵"噱头。

尤其是在英国维多利亚时期和法王路易十四时期,受到洛可可和巴洛克风格的影响,皇室生活用品的奢靡之风达到极致,从服装、家居、马车到餐具、艺术品,在吃、穿、住、行等各个方面皆极尽奢侈、豪华之能事。

维多利亚在位的63年期间(1837年6月20日至1901年1月22日)被认为是英国工业革命的顶点时期,也是大英帝国经济文化的全盛时期,当时大英帝国的经济占到了全球的70%。这一时期,饮食开始变得非常讲究,各种异国情调的香料、调料被从遥远的国度进口,用于烹制精致的食品;建筑风格则从简洁的形式开始重现以往各个时代的古典风格,如希腊风格、哥特式建筑风格以及文艺复兴时代的风格;而以维多利亚女王为代表的宫廷服饰风格,则开始大量运用蕾丝、细纱、荷叶边、缎带、蝴蝶结、多层次的蛋糕裁剪、折皱、抽褶等元素,以及立领、高腰、公主袖、羊腿袖等款式。

维多利亚女王登基画像

法王路易十四画像

如果说英国维多利亚女王时期的"奢侈"生活是建立在强大的国家经济及文化基础之上的,那么相比较之下,法王路易十四的"奢侈"生活就有些背离时代背景下的国情民意了。

被称为"太阳王"的路易十四,虽然缔造了法国封建史上最鼎盛的时期,扩大了法国的疆域,使其成为当时欧洲最强大的国家和文化中心,但同时也在宫廷里掀起了一股"金光四射"的奢华之风,并将这种风气吹遍了整个法兰西大地:从以恢宏奢华而举世闻名的凡尔赛宫及相当于法国全年税收一半的庞大宫廷开支,到富丽堂皇的宫殿里没日没夜极尽奢华的宴会。而当时的真实经济状况是,从路易十四1661年开始掌政时,法国就已经濒临破产。再加上在他的统治期内法国参加了四次大的战争:1667—1668年与西班牙争夺荷兰的遗产战争(The War of Devolution),1672—1688年与荷兰的战争(法荷战争),1688—1697年与神圣罗马帝国皇帝之间的九年战争(大同盟战争,也称为奥格斯堡同盟战争、巴拉丁王位继承战争),以及1702—1713年的西班牙王位继承战争。这些战争耗尽了法国的国库,使国家陷入高债之中,法国人民的生活也越发穷困潦倒。

随着社会的进步、民主意识的提高、经济的发展、社会生产力的改善,到了中世纪末期的文艺复兴时期,中产阶级的崛起,使得炫耀性奢侈消费有增无减,奢侈阶级开始从君主、贵族等原来的社会顶级阶层向商人、银行家等资产阶级蔓延。"贵族式的奢侈",第一次被以"资本经济"的手段,脱离了教会关系和等级继承秩序。从某种意义上讲,这种"奢侈"消费阶层的扩张,推动了大众消费时代和现代意义的"奢侈"消费的到来。

19世纪50年代前后的第一次工业革命到来后,"奢侈"消费被历史性地推向第一次高潮。"蒸汽"动力提高了生产效率;新兴的纺织工业技术使得纺织服装产业大步前进;利用先进的军事和航海技术从世界各殖民地搜集来的金钱、资源及劳动力,则为"奢侈"消费提供了消费的经济和物质基础。这样的历史背景,在1850年前后,催生了一批流传至今的国际奢侈品品牌。但是受到整个社会有限的工业经济规模总量,以及各国家、地区不同的发展水平限制,当时的那些奢侈品生产者还相对分散,主要集中在酿酒、钟表等行业。而且,当时的生产者主要以手工作坊的形式为主,工匠的手工技艺与经验是产品质量的绝对保证。这些都与当时极其有限的富有贵族阶级人群有关,可以说他们的"奢侈"消费习惯,决定了当时"奢侈品"生产的走向。

1850年前后西方主要奢侈品品牌

序号	创始年代	品牌	中文名	核心产品	所属国家
1	1715	Martell	马爹利	酒	法国
2	1724	Remy Martin	人头马	酒	法国
3	1743	Moët & Chanton	酩悦香槟	酒	法国
4	1755	Vacheron Constantin	江诗丹顿	表	瑞士
5	1756	Hennessy	轩尼诗	酒	法国
6	1775	Breguet	宝玑	表	瑞士
7	1780	Chaumet	绰美	珠宝	法国
8	1791	Girard Perregaux	芝柏	表	瑞士
9	1801	Chivas	芝华士	酒	英国
10	1820	Johnnie Walker	尊尼获加	酒	英国
11	1820	Parker	派克	笔	美国
12	1828	Guerlain	娇兰	化妆品	法国
13	1830	Baume& Mercire	名士	表	瑞士
14	1833	Jaeger Le Coultre	积家	表	瑞士
15	1837	Tiffany	蒂芙尼	珠宝	美国
16	1837	Hermès	爱马仕	皮具	法国
17	1839	Patek Philippe	百达翡丽	表	瑞士

续表

序号	创始年代	品牌	中文名	核心产品	所属国家
18	1845	A.Lange & Sohne	朗格	表	德国
19	1847	Cartier	卡地亚	珠宝	法国
20	1848	Omega	欧米茄	表	瑞士
21	1854	Louis Vuitton	路易威登	皮具	法国
22	1856	Burberry	巴宝莉	服装	英国

资料来源：根据2005年、2013年世界品牌实验室全球品牌榜综合整理。

1900—1949年，是人类历史上最血腥、最暴力，也是最动荡的半个世纪，先后爆发了两次世界大战及无数地区争端。富裕、权贵阶级的舒适生活被无情的炮火撕裂，工业力量被迫投入军工企业的蛮力扩张，世界人民的生活处于水深火热之中。作为"非生活必需品"的奢侈品也几乎随着苍夷的大地、废墟的城市淡出历史的舞台；"奢侈"消费也随着破灭的幸福生活、萧条的经济偃旗息鼓。但这个特殊的历史时期也给今天的我们遗留了属于那个时代的礼物：随着军工产业的发展，一批如今赫赫有名的世界级汽车品牌在当时纷纷确立。

20世纪上半叶汽车奢侈品品牌

序号	创始年代	品牌	中文名	国别
1	1886	Mercedes Benz	梅赛德斯	德国
2	1900	Porsche	保时捷	德国
3	1902	Cadillac	凯迪拉克	美国
4	1903	Harley Davidson	哈雷·戴维森	美国
5	1904	Rolls-Royce	劳斯莱斯	英国
6	1909	Bugatti	布加迪	意大利
7	1910	Audi	奥迪	德国
8	1916	BMW	宝马	德国
9	1919	Bentley	宾利	英国
10	1922	Jaguar	捷豹	英国
11	1929	Ferrari	法拉利	意大利

资料来源：根据2013年世界品牌实验室全球品牌榜综合整理。

Part 1 集百家之言鉴"奢侈"

第二次世界大战以后，西方主要发达国家度过了一段相对平稳和快速的发展时期。人们从战争的阴霾中走出来，西方国家工业化能力进一步提高，科学技术的发展渗透到社会的各个方面，国家财富进一步积累，各种商业活动活跃发展，这一切都造就了更多的中产阶级，促进了社会的多元化发展。当人们开始再次享受社会进步带来的美好生活时，以美国消费者为首的"享乐主义"精神，再次让世界范围内的"奢侈"生活重回历史舞台，并且这一次"品牌意识"开始越来越受到制造商的重视。另外，"享乐"的多元化，催生了更多的"奢侈"品类，如酒店、游艇、飞机、眼镜、打火机、雪茄等一切可以让生活更美好的事物。而且，传统的服装、化妆品、皮具等时尚类易耗型奢侈品开始大量涌现。

第二次世界大战后的新奢侈品品类

序号	创始年代	品牌	中文名	品类	国别
1	1942	Bombardier	庞巴迪	私人飞机	加拿大
2	1946	InterContinental	洲际酒店	酒店	英国
3	1947	Davidoff	大卫杜夫	雪茄	瑞士
4	1957	Junyue Hotel	君悦酒店	酒店	美国
5	1960	Four Seasons	四季酒店	酒店	加拿大
6	1968	Cohiba	高斯巴	雪茄	古巴
7	1971	Starbucks	星巴克	咖啡	美国
8	1975	Oakley	奥克利	眼镜	美国
9	1984	Bose	博士	音响	美国

资料来源：根据2013年世界品牌实验室全球品牌榜综合整理。

第二次世界大战后的时尚类奢侈品品牌

序号	创始年代	品牌	中文名	品类	国别
1	1919	Balenciaga	巴黎世家	服装	法国
2	1935	Lancôme	兰蔻	化妆品	法国
3	1935	Céline	赛琳	服装	法国
4	1941	Coach	蔻驰	皮具	美国
5	1946	Estée Lauder	雅诗兰黛	化妆品	美国
6	1946	Dior	迪奥	服装	法国

续表

序号	创始年代	品牌	中文名	品类	国别
7	1951	MaxMara	麦丝玛拉	服装	意大利
8	1952	Givenchy	纪梵希	服装	法国
9	1953	Missoni	米索尼	服装	意大利
10	1960	Valentino	瓦伦蒂诺	服装	意大利
11	1962	Yves Saint Laurent	伊夫·圣·罗兰	服装	法国
12	1968	Calvin Klein	卡尔文·克莱恩	服装	美国
13	1968	Ralph Lauren	拉尔夫劳伦	服装	美国
14	1970	Issey Miyake	三宅一生	服装	日本
15	1974	Thierry Mugler	蒂埃里·穆勒	服装	法国
16	1975	Giorgio Armani	阿玛尼	服装	意大利
17	1979	Diesel	帝舍	服装	意大利
18	1981	Gianni Versace	范思哲	服装	意大利
19	1981	Anna Sui	安娜·苏	服装	美国

资料来源：根据2013年世界品牌实验室全球品牌榜综合整理。

2. 新奢侈时期

第二次世界大战的结束，彻底改变了世界经济体的大格局。美国逐渐发展并走向世界一极，成为全球军事、经济、政治及文化的领头羊。1984年，美国里根总统以压倒性优势获得连任，美国经济从衰退中完全复苏。也是在这一年，"奢侈"消费开始从旧的炫耀性消费转为强调体验式消费的新模式。

如果说传统的、旧的奢侈消费注重的是产品的外观、质量和属性，以获得使用者心灵的满足，并彰显其社会地位，那么新的奢侈消费则更加注重产品和服务带给他们的体验过程，而不再是"奢侈品"的所有权问题。也就是说，新"奢侈"的关注点，已经从社会属性的"别人看待我"的角度，转移到了消费者本身"享受自己"的角度。

而这一批新"奢侈"的主体人群，则是1946—1964年，"婴儿潮"时期的那7600万美国人。1984年时，25~38岁的年龄，正是"奢侈"消费需求极具个性的时期。

新"奢侈"的浪潮汹涌而广泛,全球奢侈品产业在20世纪90年代创造了总计2500亿美元的全球市场,年均增长率高达10%~20%,并席卷东方新兴经济体。

2.1.2 中国的奢侈思潮

中国作为一个以农业文明为核心而传承的历史古国,崇尚"节俭"的观念从儒家思想创立之始,就深深地埋藏在了中华儿女的精神基因里。但在中国几千年的朝代更迭史里面,"奢侈"的行为及观念,却在不同的历史时期大行其道。历史上常常会出现这样的现象,一个新兴的王朝在建立之初,统治者总会采取若干轻徭薄赋、整顿吏治、崇尚节俭的措施,以恢复社会经济,稳定政治秩序,巩固战后政权。但随着经济的发展和社会财富的增加,往往又是权贵阶层率先出现奢侈之风,并迅速蔓延,蚀染整个社会风俗。

最早、最臭名昭著的当属"酒池肉林",见于《史记·殷本纪》:"大冣乐戏于沙丘,(纣)以酒为池,县(悬)肉为林,使男女裸相逐其间,为长夜之饮。"后即以"酒池肉林"形容极度豪华奢侈。其实一开始,商纣王也是励精图治,在统一东南以后,把中原先进的生产技术和文化向东南传播,推动了社会的进步和经济发展,促进了民族的融合。等到商朝局势稳定以后,纣王沉迷于享受、听信了谗言,才开始了暴政。

东汉末年,朝廷权贵、世家豪族开始享受开朝几代以来积淀和传承下的社会财富。大兴土木修建奢华庭院、生活糜烂之风上行下仿、攀比之风劳民伤财。东汉哲学家仲长统将这些现象记于《昌言》:"琦赂宝货,巨室不能容。马牛羊豕,山谷不能受。妖童美妾,填乎绮室。倡讴伎乐,列乎深堂。……三牲之肉,臭而不可食。清醇之酎,败而不可饮。"

唐宋时期,是中国古代文明的一个巅峰时期。社会生产力的发展、科举选拔制度的应用、人民平均生活水平的提高,使得这一时期的"奢侈之风"较之前几朝几代有了本质上的差异。一是奢侈消费主体从原有特定的权贵阶层向社会富甲商人、文化名流新兴阶层扩散，呈现大众化的趋势；二是不同于前几代的奢侈消费物质资料主要是来源于进贡的实物和特权庄园下的自给自足，宋代的奢侈消费物质资料更多的来源于市场的货币交换。而且奢侈消费也首次呈现出对宋代社会经济繁荣的积极促进作用。但与此同时，当奢侈消费超出了一定限度后，其消极作用就明显地表现出来。

近代清朝末年，慈禧太后的奢侈生活则被某些观点评论为葬送一个朝代的"黑手"。慈禧为自己的60大寿，准备了约合38万两白银的首饰；花去240万两白银修葺和装饰从颐和园回紫禁城所经过的道路。整个1000万两白银的寿辰费用，相当于北洋舰队的价值总和。除此之外，慈禧还挪用军费修建退位后颐养用的颐和园，工程总共花去白银约3000万两。而当时，英国和德国最先进的战舰价格才约白银25万两。也就是说，仅修建颐和园的钱，就可以组建三支北洋舰队。

近现代，整个中华大地被笼罩在革命、战争、统一的硝烟战火之下。中华人民共和国成立后，"均贫富、分田地"，中国大地上一时间没有了"资产阶级"，现代意义上的"奢侈"根本无从谈起。一切工业、农业、商业、军工业均处于百废待兴的状态。一直到1978年中国共产党第十一届三中全会正式提出改革开放的战略方针，中国的流行文化才迎来了迟来的曙光。

20世纪80年代，中国大众文化开始兴起，它首先源自城市的复兴。那是新中国第一次城市化进程的开始，是以农村经济体制改革为主要动力的城市化。城市活跃之初，作为基础的农村，其物资是极度匮乏的，但人们的欲望被极大地调动起来。那个时候无论是墨镜还是西服，商标都是不愿意被剪掉的。到了90年代初，Zegna（杰尼亚）、Louis Vuitton（路易威登）、Burberry（巴宝莉）、Chanel（香奈儿）等国际一线奢侈品品牌的出现，极度满足了中国消费者的消费心理。

20世纪80年代文化的另一个重要转变就是自我的觉醒，个人主义开始从集体主义中分离出来，人们开始思考自己想要追求的是什么，自己的人生应该是什么样子的。进入90年代，中国社会经济的发展开始逐渐步入快车道，中国人也开始更加注重物质追求，这为后来奢侈品的快速发展提供了坚实的物质性基础。90年代后期，中国人追求物质的精神更甚：人们想要获得成功、想要获得更多的收入、想要获得更高的社会地位。各大"奢侈品"甚至成为"获得成功"的重要物质标志和炫耀手段："哪个品牌最具知名度就买哪个""哪个牌子贵就买哪个""哪个牌子最显眼就买哪个"，这个时期中国人的奢侈消费带有极强的炫耀性色彩。

物质性社会转变的同时带来了文化的冲击，消费主义也带来了价值的转变。当20世纪90年代欧美各大奢侈品品牌都沉浸在一场"极简主义"的改革风潮时，物质生活不断丰富的中国社会并没有参与到这场后来对世界奢侈产业格局产生重要影响的时尚浪潮里。一是因为原本仅有的几个百年品牌由于特殊的历史原因在近代造成了发展断代；二是因为急功近利的企业家没有投入时间和资本去完成一个"奢侈品品牌"需要的文化、品质、手工艺等要素的积累；三是因为刚起步的中国时尚产业尚未打造一条"产、学、研"相结合的完整产业链以持续培育和输出本土时尚界的人才。

21世纪的到来，特别是自2010年以来，随着中国的综合国力进一步提高，人民生活水平的进一步改善，新兴的中产阶级成为奢侈品的主要消费人群。这群受过良好教育、具备专业知识和职业技能，有一定空闲时间、追求高质量生活，具备良好的公民、公德意识及修养的中国消费者，开始用逐渐理性的态度对待品类万千的奢侈品。奢侈品之于他们也不再具有那么强烈的炫耀性意义，相反，只有能满足他们追求的生活状态的产品，才能受到他们的青睐。

总之，在中国奉行"节俭"的传统文化及观念下，"奢侈"一词带有更多的贬义色彩。"奢侈"在历史舞台上也更多的是与"腐败""堕落"等词汇相生相伴。时代发展至今，不同于西方资本主义世界从"奢侈"中剥离出来的商品经济产物——"奢侈品"，中国在探索"奢侈"与"经济"两者的关系上还有很长的一段路要走。

部分奢侈品品牌入驻中国时间表

序号	品牌	中文名	品牌国别	创立时间	入驻时间	品类
1	Omega	欧米茄	瑞士	1848	1976	表
2	Dior	迪奥	法国	1946	1979	服装
3	Pierre Cardin	皮尔·卡丹	法国	1950	1979	服装
4	Bally	巴利	瑞士	1851	1986	鞋
5	Cartier	卡地亚	法国	1847	1990	珠宝
6	Ermenegildo Zegna	杰尼亚	意大利	1910	1991	服装
7	Louis Vuitton	路易·威登	法国	1854	1992	皮具
8	Burberry	巴宝莉	英国	1856	1993	服装
9	Ferragamo	菲拉格慕	意大利	1923	1993	鞋
10	Chanel	香奈儿	法国	1910	1993	服装
11	Estée Lauder	雅诗兰黛	美国	1946	1993	化妆品
12	Lancôme	兰蔻	法国	1935	1993	化妆品
13	Givenchy	纪梵希	法国	1952	1993	服装
14	Hermès	爱马仕	法国	1837	1997	皮具
15	Marriott	万豪	美国	1927	1997	酒店
16	Gucci	古驰	意大利	1923	1997	皮具
17	Starbucks	星巴克	美国	1971	1998	咖啡
18	Giorgio Armani	阿玛尼	意大利	1976	1998	服装
19	Vacheron Constantin	江诗丹顿	瑞士	1755	1998	表
20	Montblanc	万宝龙	德国	1906	1998	笔
21	Jaeger	积家	瑞士	1833	1999	表
22	Tiffany	蒂芙尼	美国	1837	2001	珠宝
23	Rolls-Royce	劳斯莱斯	英国	1904	2001	车
24	Bentley	宾利	英国	1919	2002	车
25	Bulgari	宝格丽	意大利	1884	2003	珠宝
26	Coach	蔻驰	美国	1941	2003	皮具
27	Lamborghini	兰博基尼	意大利	1963	2004	车
28	Ferrari	法拉利	意大利	1929	2004	车
29	Patek Philippe	百达翡丽	瑞士	1851	2005	表
30	Valentino	华伦天奴	意大利	1960	2005	服装
31	Rolex	劳力士	瑞士	1905	2006	表

资料来源：根据2013年世界品牌实验室全球品牌榜综合整理。

2.2 中、西方奢侈品品牌命名的差异

品牌,作为商品发展到经济时代的产物,它的发展过程其实经历了一个漫长的时期。从一开始作为一种特殊的标记符号出现在产品上面,在"物物交易"的时代用来同别人的产品相区分,到后来随着交易商品的多元化、法律条款的完善、自我利益保护意识的增强,"品牌"开始突显出商品的信息、创始人的信息,以及品牌背后特殊的寓意。直到今天,我们一提到 Starbucks(星巴克)就知道它是咖啡,一提到 Tiffany(蒂芙尼)就知道它是珠宝,品牌甚至成了一种产品品类的代名词。

在商品经济极度发达的今天,一个成功的品牌,通常是既拥有功能利益,又拥有情感利益的。功能利益指的是品牌背后产品的品质、用途及能带给消费者的直接利益;情感利益则是品牌象征的社会地位、个人形象、生活态度、价值取向等带给消费者的无形价值。对于奢侈品品牌而言,情感利益是消费者购买的主要驱动力,它通常具有极强的专一性和不可复制性。但功能性利益却很容易被模仿,常难以做到差异化和独特化。我们常说的"产品同质化",其实其根源指的就是"功能性"利益的同质化。试想如果将"情感性利益"作为企业的差异化战略实施,那么在赢得消费者情感诉求和忠诚度的基础之上,企业的核心竞争力想必是极其难以复制和超越的。就好比某品牌的手机在某一硬件指标这个功能利益上能超越 iPhone,但"果粉"们对于"苹果"的情感诉求以及对于"苹果"所倡导的生活方式的向往却是该品牌无法复制和超越的。

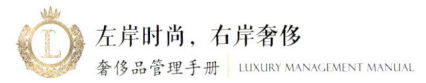

2.2.1 西方奢侈品品牌的命名

在西方的品牌内涵里面，情感诉求是一个极为重要的组成部分。这可能与西方世界的个人主义、英雄主义精神有关。西方的法律精神里也有很强烈的保护个人合法权益、尊重个人创造成果的意识。

再回到18世纪中期那段欧洲奢侈品品牌争先出现的时期。一批极富工匠技艺和创新精神的手工作坊在巴黎、罗马、马德里等文化、经济、政治的中心相继开张。他们精湛的工艺、时尚的设计很快获得了贵族阶级的青睐，一个个在历史上因受到皇室赞扬而流芳百世的产品，给他们原本作为"产品区分"的创始人姓名——"品牌"，赋予了最至高无上的荣誉；给他们的产品增添了"皇室品质"的烙印；也让他们的消费者对于"设计师品牌"产生了趋之若鹜的迷恋。1904年，被威尔士亲王（1902年成为爱德华七世）褒奖为"国王的珠宝商和珠宝商的国王"的Cartier（卡地亚），再次被授予作为英国宫廷供应商的"一等英廷供货许可证"，使得这个品牌获得了更加与众不同的独特魅力和奢华情缘。1905年，Loewe（罗威）荣获了西班牙皇室颁赠的"Purveyor to the Household"的荣誉，这个以制造皮革小盒、相架、皮袋、皮包、烟丝盒等精致皮革用品为主的手工作坊一时风光无限，获得了无数来自欧洲各国的贵宾和富豪的青睐。

所以我们今天经常看到的是，一个个西方品牌均以创始人的姓名命名，并以此为荣。Chanel（香奈儿）、Ferrari（法拉利）、Hermès（爱马仕）、Patek Philippe（百达翡丽）等从服装、汽车、皮具到手表的制造商，均以创始人的名字作为品牌名，并成功地完成了几十甚至上百年的传承与积淀。不仅奢侈品品牌如此，Procter & Gamble（宝洁公司），这个全球最大的快速消费品制造商是以其两位创始人William Procter（威廉·波克特）、James Gamble（詹姆斯·甘保）的名字组合而成的；Dupont（杜邦公司），这家全球第二大的化工企业，也是沿用了其创始人E.I.Dupont

（E.I. 杜邦）的名字，并使整个杜邦家族的荣耀延续了200多年。当创始人姓名成为公司品牌的无形资产时，在西方成熟的信用体系下，人们很容易将这个"名字"与产品的优秀服务或产品相联系，也很容易领会到这个"名字"所传达的精神形象、价值观念，从而与这个"名字"建立了深刻的情感纽带。

2.2.2 中国"奢侈品品牌"的命名

中国最初对国外奢侈品的认识可以追溯到400多年前的明朝，西方传教士利玛窦和庞迪我来到北京，将两座自鸣钟作为礼物献给了当时的皇帝——明神宗朱翊钧，中国对奢侈品的情缘就此展开。清代初期，由于康熙大帝对西方传教士带来的西学产生了浓厚的兴趣，在内务府下设建"造办处"，作为清朝宫廷制造皇家御用品的专门机构。造办处在鼎盛时期，一共下设了42个作坊，每个作坊都荟萃全国各地的能工巧匠。这些能工巧匠囊括了朝廷几乎日常生活中的各个方面，从吃的、穿的到用的，甚至休闲和摆设应有尽有。及至乾隆皇帝，由于他对瓷器、玉石、字画的喜爱有加，举国上行下效，一时间各项工艺水平登峰造极，创造了无数传世的奢侈品。

但中国的奢侈品文化与欧洲具有惊人的不同：中国的封建中央集权制度使得这些高精尖的工艺、技术和伟大的作品被囿于宫阙或者官用，它们的存在也成为区别王权尊贵与民权贫贱的重要手段。在封建帝制和儒家传统思想里，穿"布衣"的百姓使用了同穿"锦衣"的皇族一样的器物，是极大不敬。烧制瓷器有"官窑""民窑"之分，就是一个佐证。这样，由各种历史、文化、政治的原因，这些古老精湛的手工艺没能树立起各自的品牌而流传至今。

另外，我们的奢侈品在扬名之后，往往是以出产地域来评判其品质等级的，如和田玉为玉中之宝、景德镇瓷器为瓷器之首、蜀锦为锦中之绝等。这在西方，前文提到过，类似的奢侈品则是由一个个家族品牌来代表的，如 Hermès（爱马仕）之于皮具、Vacheron Constantin（江诗丹顿）之于钟表、Ferragamo（菲拉格慕）之于鞋履等。虽然这些奢侈品品牌也都有过服务于王室贵族的历史，但是在不同的社会环境与经济背景下，西方的奢侈品工业被通过家族传承的方式得以将品牌壮大和发展，而拥有著名品牌的家族也渐渐被人们耳熟能详。而在中国，我们很多伟大工艺的创造者，他们的技艺虽然通过师承的方式得到了延续和发展，但他们本人却往往隐没于"乾隆御制"或"江南制造"之中，没有被世人提升到其应有的艺术地位和产业地位，也没有形成个人的品牌和家族产业。

如果我们把目光从法国奢侈品起源及发展的 17 世纪中期到 18 世纪中期这一段历史时期平移到古代中国，我们会惊讶地发现，这一时期正是中国的"康乾盛世"（1681—1796 年），中国是当时东方世界最强大的帝国。两国不仅从综合国力上具有相似之处，而且在奢侈品制造工艺上中国也同样像法国一样达到登峰造极的境界。在康熙、雍正、乾隆三朝，中国的陶瓷、丝绸、刺绣、玉器等均创下前所未有的历史高度，"清三代"的奢侈品被世人公认。

但令人惋惜的是，虽然在历史上，我们的奢侈品工艺和艺术价值与西方奢侈品相比不分伯仲，但在品牌缔造上，我们却远不及西方。

时至今日，"个人崇拜"或者"人名崇拜"，在中国的传统意识里，似乎是一件仅限于国家领袖或者历史伟人等带有极强政治色彩的事情。人们似乎对于一个以普通中国人名命名的品牌具有天生的、潜意识里的不屑一顾的情绪。一个普通中国人名，似乎无法完成一个品牌作为"符号媒介"向消费者传达品牌文化、设计师理念、产品质量等信息的基本功能。或者直白地说，它就是无法挑起消费者心中关于这个"中国人名"的情感联系和欲望联想。所以今天我们很难看到一个以具体中国人名命名的"奢侈品品牌"。

2.2.3　中国第一个本土奢侈品品牌——Shanghai Tang（上海滩）

1994年，英国剑桥大学哲学博士邓永锵，在香港开出第一家"上海滩"（Shanghai Tang）中装店。这家以"东方遇见西方"为口号的服装品牌，聚集了当时在香港为数不多的几位早年从上海移居过去的顶级裁缝，以精美的旗袍将老上海20世纪30年代的浪漫风情诠释得淋漓尽致，推出了颇具东方风情的经过改良的现代旗袍、唐装和马褂；又采用了西方服装品牌的运营方式，致力于为顾客打造摩登、舒适、精致且富含中国元素的着装体验。此外，上海滩更坚持使用上乘面料，从中国丝绸到蒙古羊毛绒，服饰中多采用各种华贵的天然面料。因此在开店后很短的时间内，上海滩受到了不少外国时尚人士的喜爱。在外国消费者看来，上海滩神秘又有韵味，是中式服装风情的代表。

但上海滩也面临着产品风格定位一个本质上的问题：在中国消费者极其崇尚Chanel（香奈儿）、Zegna（杰尼亚）和Giorgio Armani（阿玛尼）等欧美奢侈品品牌的20世纪90年代，同样定位于中国消费者的上海滩，让人产生了一种"目标消费者"的迷惑局面。位于五星级酒店及机场免税店的上海滩零售店铺就一度让中国本土消费者误解为"这是专门针对外国消费者的中国奢侈品品牌"。或许也是基于这个因素，上海滩倒是获得了不少爱国人士及海外华侨的高度赞扬。

1997年，由于经营问题，身处困境的上海滩将多数股权出售给了全球第二大奢侈品集团——瑞士历峰（Richemont）集团，创始团队淡出。2001年，新任执行主席雷富逸聘请黄明翠担任设计总监，并携手在保留品牌原始理念的基础上改造品牌形象和设计风格。

他们首先将目标客户群体锁定在25~50岁的中高收入者，热衷时尚元素，勇于展现自己个性。产品线方面，在女装的基础上，加入了男装系列和童装系列。然后在延续了中国设计元素的同时，又加入了现代化的时尚设计元素和理念。雷富逸想让消费者从一种盲从的穿着误区走出来，他说："我们完全是在中国设计制造，以中国的灵感表达中国的文化。目前大城市的年轻人非常想看到完完全全中国味道的品牌，我们觉得中国女人都很漂亮，中国女人穿旗袍的时候更漂亮，完全可以将旗袍穿出来与牛仔裤相搭配。现代人应该穿现代版旗袍，旗袍应该可以和现代服装任意搭配。我们想传达这种着装理念。"

对于上海滩未来的品牌发展之路，雷富逸表示："虽然现在上海滩隶属于瑞士历峰集团，但它从骨子里是一个中国品牌。我们要做的就是让它从中国走向西方，成为一个足迹遍布纽约、巴黎、米兰、马德里和法兰克福等国际性大都市的中国品牌。"

第 3 章

从产业观"奢侈"

3.1 奢侈品品类的细分

通常来说,奢侈品行业并不像餐饮行业、旅游行业那样具有清晰的行业界限及产业定义。因为"奢侈品"本身就是一个覆盖了服装、珠宝、汽车、游艇、顶级私人服务、奢华体验等诸多产品和服务范畴的综合概念,所以对于奢侈品行业一个比较普遍的定义是:从事奢侈品及相关服务运营的一系列产业部门的总和,是对各类奢侈品资源要素进行整合、重组后形成的一个较为独特的产业链。

我们可以把奢侈品行业理解成一个横跨多个产业领域的产业集群,根据各种产品及服务在这个产业集群里扮演的角色分工,各细分产业领域可以被整合为三大产业体系。

奢侈品行业的三大产业体系及其细分产业领域

体系分类	分类方法	细分产业
实物消费体系	以具体实物奢侈品为消费对象	服装、化妆品、珠宝、皮具箱包、钟表、汽车、私人飞机、游艇等

续表

体系分类	分类方法	细分产业
服务消费体系	以非实物奢侈体验服务为消费对象	私人金融服务、私人医疗服务、旅游服务等
第三方配套体系	为奢侈品的宣传、物流、公关、咨询、营销等服务的第三方机构	时尚传媒、电子商务、企业咨询、协会展会等

从狭义的角度来看奢侈品行业，它指的就是服装、化妆品、珠宝、皮具箱包、钟表、汽车、私人飞机、游艇等以实物形式消费的产业体系；而广义的奢侈品行业，则要在此基础之上，加上诸如私人金融服务、私人医疗服务、高端旅游服务之类的体验型消费类产业体系，以及时尚传媒、电子商务、企业咨询、协会展会等服务于奢侈品品牌的第三方支持机构。

本书将着重从狭义论的角度来介绍奢侈品行业，并参考和依据世界奢侈品协会（World Luxury Association，WLA）发布的2012年全球奢侈品品牌100强榜单，对奢侈品的几大细分品类及产业进行介绍。

2012年世界奢侈品协会（WLA）奢侈品品牌榜单

序号	品牌名称	中文名	国别	创立时间
NO1：全球十大顶级时尚品牌				
1	Hermès	爱马仕	法国	1837
2	Chanel	香奈儿	法国	1913
3	Louis Vuitton	路易·威登	法国	1854
4	Dior	迪奥	法国	1946
5	Salvatore Ferragamo	菲拉格慕	意大利	1926
6	Gianni Versace	范思哲	意大利	1978
7	Prada	普拉达	意大利	1913
8	Fendi	芬迪	意大利	1925
9	Giorgio Armani	阿玛尼	意大利	1975
10	Ermenegildo Zegna	杰尼亚	意大利	1910
NO2：全球十大私人飞机品牌				
1	Gulfstream	湾流	美国	1958
2	Bombardier	庞巴迪	加拿大	1907
3	Dassaul Falcon	达索	法国	1967
4	Embraer S.A.	巴西航空	巴西	1969

续表

序号	品牌名称	中文名	国别	创立时间
5	Hawker Beechcraft	豪客比奇	美国	1932
6	Cessna	赛斯纳	美国	1927
7	Cirrus	西锐	美国	1984
8	Eurocopter	欧直	法国	1992
9	BellHelicopter Textron	贝尔直升机	美国	1935
10	Sikorsky Aircraft	西科斯基	美国	1923
NO3：全球十大豪华游艇品牌				
1	Azimut	阿兹慕	意大利	1969
2	Sunseeker	圣汐克	英国	1970
3	Ferretti	法拉帝	意大利	1968
4	Lurssen	乐顺	德国	1875
5	Riva	丽娃	意大利	1842
6	Wally	沃利	意大利	1992
7	Princess	公主	英国	1965
8	Pershing	博星	意大利	1981
9	Beneteau	博纳多	法国	1884
10	Itama	意达马	意大利	1969
NO4：全球十大豪华汽车品牌				
1	Rolls-Royce	劳斯莱斯	英国	1906
2	Bentley	宾利	英国	1919
3	Ferrari	法拉利	意大利	1929
4	Lamborghini	兰博基尼	意大利	1963
5	Maserati	玛莎拉蒂	意大利	1914
6	Aston Martin	阿斯顿·马丁	英国	1913
7	Bugatti	布加迪	意大利	1909
8	Spyker	世爵	荷兰	1915
9	Pagani	帕加尼	意大利	1982
10	Koenigsegg	柯尼塞格	瑞典	1994
NO5：全球十大皇室珠宝品牌				
1	Cartier	卡地亚	法国	1847
2	Van Cleef & Arpels	梵克雅宝	法国	1906
3	Boucheron	宝诗龙	法国	1858

续表

序号	品牌名称	中文名	国别	创立时间
4	Harry Winston	哈利·温斯顿	美国	1932
5	Chaumet	绰美	法国	1780
6	Kloybateri	卡洛伊巴特拉	法国	1682
7	Bulgari	宝格丽	意大利	1884
8	Montblanc	万宝龙	德国	1906
9	Tiffany	蒂芙尼	美国	1837
10	Mikimoto	御本木	日本	1893
NO6：全球十大顶级名表品牌				
1	Patek Philippe	百达翡丽	瑞士	1839
2	Vacheron Constantin	江诗丹顿	瑞士	1755
3	Piaqet	伯爵	瑞士	1874
4	Jaeger	积家	瑞士	1833
5	Audemars Piguet	爱彼	瑞士	1875
6	Blancpain	宝珀	瑞士	1735
7	Rolex	劳力士	瑞士	1905
8	Breguet	宝玑	瑞士	1775
9	IWC	万国	瑞士	1868
10	Franck Muller	法兰克·穆勒	瑞士	1992
NO7：全球十大化妆品品牌				
1	Chanel	香奈儿	法国	1913
2	Dior	迪奥	法国	1946
3	Guerlain	娇兰	法国	1828
4	Givenchy	纪梵希	法国	1952
5	Helena Rubinstein	赫莲娜	澳大利亚	1902
6	Sisley	希思黎	法国	1976
7	La Prairie	莱珀妮	瑞士	1982
8	La Mer	海蓝之谜	美国	1946
9	Lancôme	兰蔻	法国	1935
10	Biotherm	碧欧泉	法国	1952
NO8：全球十大烈酒与葡萄酒品牌				
1	L'or De Jean Martell	至尊马爹利	法国	1715
2	Louis XIII	人头马路易十三	法国	1850

续表

序号	品牌名称	中文名	国别	创立时间
3	Richard Hennessy	轩尼诗	法国	1756
4	Chateau Petrus Wine	帕图斯	法国	1837
5	Chateau Lafite Rothschild	拉菲	法国	1354
6	Macallan	麦卡伦	英国	1824
7	Meritage	麦瑞泰基	美国	1982
8	Ron zacapa	萨凯帕朗姆酒	危地马拉	/
9	Dom Perignon	唐·培里侬香槟王	法国	1668
10	Perrier Jouet	巴黎之花	法国	1811
NO9：全球十大各国创新品牌				
1	Harley Davidson	哈雷·戴维森	美国	1903
2	Bose	博士音响	美国	1964
3	Vertu	威图（手机）	美国	2002
4	Lotos	罗特斯（眼镜）	德国	1872
5	Steinway	斯坦威（钢琴）	美国	1853
6	Bluthner	博兰斯勒（钢琴）	德国	1853
7	Segway PT	赛格威电动车	美国	2000
8	Aurora	奥罗拉（笔）	意大利	1919
9	Sun Valley Icewine	太阳谷冰酒	中国	2005
10	Shang Xia	上下	中国	2008

注：时尚品牌类包含了服装、箱包与皮具等品类。

当然，除了世界奢侈品协会（WLA）对奢侈品品牌进行排名以外，国际上流行的权威品牌价值排行榜还包括英特品牌公司（Interbrand）、世界品牌实验室（World Brand Lab）、福布斯（Forbes）和明略行公司（Millward Brown）发布的数据。

从英特品牌公司（Interbrand）每年发布的全球百强品牌报告（Best Global Brands）中，笔者整理出了2015年基于全球百强品牌下的奢侈品品牌。

2015年英特品牌公司全球奢侈品品牌排名

序号	2015年排名	2014年排名	品牌名	中文名	国别	品类	品牌价值（百万美元）
1	20	19	Louis Vuitton	路易威登	法国	皮具	22250
2	41	46	Hermès	爱马仕	法国	皮具	10944
3	50	41	Gucci	古驰	意大利	皮具	8882
4	57	58	Cartier	卡地亚	法国	珠宝	7924
5	66	71	Tiffany & Co.	蒂芙尼	美国	珠宝	6306
6	69	70	Prada	普拉达	意大利	服装	6222
7	73	73	Burberry	巴宝莉	英国	服装	5873
8	91	83	Ralph Lauren	拉夫·劳伦	美国	服装	4629
9	96	97	Hugo Boss	雨果博斯	德国	服装	4270
10	99	—	Moët & Chandon	酩悦香槟	法国	酒	3943

资料来源：http://interbrand.com/best-brands/best-global-brands/2015/ranking/。

从世界品牌实验室（World Brand Lab）每年发布的世界品牌500强排行榜（The World's 500 Most Influential Brands）中，笔者整理出了2014年基于世界500强品牌下的奢侈品品牌。

2014年世界品牌实验室世界奢侈品品牌排名

序号	排名	品牌年龄	品牌名	中文名	品类	所属国家	创始年代
1	53	160	Louis Vuitton	路易威登	皮具	法国	1854
2	66	104	Chanel	香奈儿	服装	法国	1910
3	72	109	Rolex	劳力士	表	瑞士	1905
4	75	167	Cartier	卡地亚	珠宝	法国	1847
5	76	68	Dior	迪奥	服装	法国	1946
6	84	177	Hermès	爱马仕	皮具	法国	1837
7	89	177	Tiffany	蒂芙尼	珠宝	美国	1837
8	98	93	Gucci	古驰	皮具	意大利	1921
9	108	101	Prada	普拉达	服装	意大利	1910
10	111	111	Harley Davidson	哈雷·戴维森	摩托车	美国	1903
11	118	85	Ferrari	法拉利	汽车	意大利	1929
12	121	95	Hilton Group	希尔顿	酒店	美国	1907

Part 1 集百家之言鉴"奢侈"

续表

序号	排名	品牌年龄	品牌名	中文名	品类	所属国家	创始年代
13	126	194	Johnnie Walker	尊尼获加	酒	英国	1820
14	154	258	Hennessy	轩尼诗	酒店	法国	1756
15	162	166	Omega	欧米茄	表	瑞士	1848
16	158	48	Bottega Veneta	宝缇嘉	皮具	意大利	1966
17	188	36	Gianni Versace	范思哲	服装	意大利	1978
18	191	51	Lamborghini	兰博基尼	汽车	意大利	1963
19	195	87	Marriott	万豪	表	瑞士	1927
20	199	47	Ralph Lauren	拉夫·劳伦	服装	美国	1968
21	205	158	Burberry	巴宝莉	服装	英国	1856
22	211	92	Jaguar	捷豹	汽车	英国	1922
23	223	68	Estée Lauder	雅诗兰黛	化妆品	美国	1946
24	208	175	Patek Philippe	百达翡丽	表	瑞士	1839
25	243	271	Moët & Chanton	酩悦香槟	酒	法国	1743
26	245	182	Longines	浪琴	表	瑞士	1832
27	269	72	Bombardier	庞巴迪	飞机	加拿大	1942
28	275	29	Dolce & Gabbana	杜嘉班纳	服装	意大利	1985
29	276	146	IWC	万国	表	瑞士	1868
30	280	259	Vacheron Constantin	江诗丹顿	表	瑞士	1755
31	281	63	MaxMara	麦丝玛拉	服装	意大利	1951
32	294	52	Yves Saint Laurent	伊夫·圣·罗兰	服装	法国	1962
33	303	186	Guerlain	娇兰	化妆品	法国	1828
34	325	290	Remy Martin	人头马	酒	法国	1725
35	335	68	InterContinental	洲际酒店	酒店	英国	1946
36	338	89	Fendi	芬迪	服装	意大利	1925
37	354	139	Audemars Piguet	爱彼	表	瑞士	1875
38	382	39	Giorgio Armani	乔治·阿玛尼	服装	意大利	1975
39	387	142	Shiseido	资生堂	化妆品	日本	1872
40	391	121	Galeries Lafayette	老佛爷	百货	法国	1893

续表

序号	排名	品牌年龄	品牌名	中文名	品类	所属国家	创始年代
41	417	62	Givenchy	纪梵希	服装	法国	1952
42	420	299	Martell	马爹利	酒	法国	1715
43	428	130	Bulgari	宝格丽	珠宝	意大利	1884
44	430	121	Dunhill	登喜路	服装	英国	1893
45	433	108	Rolls-Royce	劳斯莱斯	汽车	英国	1906
46	437	95	Balenciaga	巴黎世家	服装	法国	1919
47	445	69	Céline	赛琳	皮件	法国	1945
48	446	88	Salvatore Ferragamo	菲拉格慕	鞋	意大利	1926
49	453	73	Coach	蔻驰	皮具	美国	1941
50	467	213	Chivas	芝华士	酒	英国	1801
51	468	54	Valentino	华伦天奴	服装	意大利	1960
52	479	79	Lancôme	兰蔻	化妆品	法国	1935
53	480	54	Four Seasons	四季酒店	酒店	加拿大	1960
54	481	104	Ermenegildo Zegna	杰尼亚	服装	意大利	1910
55	493	89	Bang & Olufsen	B&O	数码	丹麦	1925

资料来源：http://www.worldbrandlab.com/world/2014/。

从福布斯（Forbes）每年发布的全球品牌100强（Global Top 100 Brands）中，笔者整理出了2015年基于全球100强品牌下的奢侈品品牌。

2015年福布斯全球奢侈品品牌榜单

序号	排名	品牌名	中文名	品牌价值（亿美元）	一年价值变动（%）	品牌营收（亿美元）	广告支出（亿美元）	品类
1	14	Louis Vuitton	路易威登	281	-6	101	46	皮具
2	42	Gucci	古驰	124	-1	45	—	皮具
3	51	Hermès	爱马仕	106	-2	53	2.6	皮具
4	55	Cartier	卡地亚	96	14	65	—	珠宝
5	63	Coach	蔻驰	86	-3	45	1.3	皮具
6	65	Rolex	劳力士	83	8	46	—	表
7	74	Prada	普拉达	73	-9	37	2.18	服装

续表

序号	排名	品牌名	中文名	品牌价值（亿美元）	一年价值变动（%）	品牌营收（亿美元）	广告支出（亿美元）	品类
8	85	Chanel	香奈儿	68	-4	54	—	服装
9	89	Ralph Lauren	拉夫·劳伦	66	-1	71	2.56	服装
10	96	Lancôme	兰蔻	62	-2	45	—	化妆品
11	100	Estée Lauder	雅诗兰黛	61	4	45	28	化妆品

资料来源：http：//www.askci.com/news/data/2015/05/25/17710a2ox.shtml。

而由 WPP 和华通明略（Millward Brown）联合发布的 2015 BrandZ 最具价值全球品牌 100 强中同时给出了 2015 BrandZ 全球奢侈品 10 强名单。

2015 BrandZ 全球奢侈品 10 强名单

序号	2015年100强排名	品牌名	中文名	国别	品类	品牌价值变化（较2014年）	品牌价值（百万美元）
1	32	Louis Vuitton	路易威登	法国	皮具	+6%	27445
2	55	Hermès	爱马仕	法国	皮具	-13%	18938
3	76	Gucci	古驰	意大利	皮具	-14%	13800
4	—	Chanel	香奈儿	法国	服装	+15%	8987
5	—	Rolex	劳力士	瑞士	表	-6%	8532
6	—	Cartier	卡地亚	法国	珠宝	-15%	7612
7	—	Prada	普拉达	意大利	服装	-35%	6540
8	—	Burberry	巴宝莉	英国	服装	-4%	5722
9	—	Michael Kors	迈克高仕	美国	皮具	—	3815
10	—	Tiffany	蒂芙尼	美国	珠宝	—	3232

资料来源：http：//70b9b3c05396f2eb8737-3ea5707b8537ca9957a2ade7dd5cd831.r61.cf3.rackcdn.com/BZ_Global_2015_Full.pdf。

根据 2015 BrandZ 最具价值全球品牌 100 强的分析，在过去 10 年里，由于奢侈品和快时尚品牌的全球扩张，时尚行业整体保持了增长。服饰行业的品牌价值较 2006 年增幅 139%，奢侈品行业的品牌价值则增幅为 70%，超过了保险、汽油、天然气和汽车。然而 2015 年，却是奢侈品品牌在 BrandZ 排行历史中贬值最多的一年——2015 年奢侈品牌的整体价值下降了6%，而2014年这个数字是增长了16%。其中Prada下滑最多，品牌价值降幅达到35%。而2014年首次进入榜单的Coach和Fendi，2015年则不见了踪影，换成了Michael Kors和Tiffany。虽然全球经济危机已经好转，但奢侈品的销量由于多种原因并未回暖。由于Prada三分之一的业绩依赖于亚太地区，它成了中国经济放缓最受影响者。加上巴西、俄罗斯两个金砖新兴市场的经济也因为政治因素饱受动荡，让Prada雪上加霜。

与此同时，根据财富品质研究院发布的2015年《中国奢侈品报告》，2015年全球奢侈品行业总容量达到创纪录的2552亿美元，预计全年增长率达到11%，相比2014年有明显复苏和发展。其增长动力主要来源于传统高端小众品牌和设计师品牌，特别是定制类产品和服务的快速发展，而传统奢侈品牌的增长速度远远低于奢侈品行业整体增长速度，其相对市场份额进一步下降。

2015年，中国消费者全球奢侈品消费达到1168亿美元，同比增长9%，相当于买走了全球约46%的奢侈品。中国本土奢侈品消费额有所回升，为258亿美元，同比上升3%，奥特莱斯和网购为主要增长点，传统零售继续遭受重创。同时，境外消费仍然不可抑制地增长，中国消费者2015年境外奢侈品消费达到910亿美元，同比增长超过12%，即中国消费者78%的奢侈品消费发生在境外，消费外流形势依然严峻。

2015年，83%的奢侈品牌在中国有各种形式的关店行为，财富品质研究院2015年曾预测，奢侈品关店在2016年会更加普遍，预计2016年，将有95%以上的奢侈品牌会策略性关闭部分门店，并进一步加强现有门店的改造，建立大型体验和服务中心代替现有门店，打通线上线下，实现奢侈品零售O2O是未来所有品牌的必然选择，同时将有更多的品牌力求实现对客户的一站式生活方式定制服务，逐步实现B2C到C2B的产业升级。

（资料来源：http://person.efu.com.cn/newsview-1142133-1.html）

知识贴：

Interbrand

Interbrand（英特品牌公司）成立于1974年，是全球最大的综合性品牌咨询公司，致力于为全球大型品牌客户提供全方位一站式的品牌咨询服务。Interbrand的客户群体覆盖约2/3的全球财富100强公司。作为全球广告、营销和公司传播领域领导先驱——宏盟集团（Omnicom Group）的成员企业，Interbrand拥有覆盖全球的资源网络，迄今已在28个国家设有42个办事处。

在中国，Interbrand是最大的全球品牌咨询公司。2002年，Interbrand在上海设立办事处，与各大全新品牌和著名公司密切合作，以确保它们在中国的市场地位得到优化。自2001年起，公司已经与许多著名中国品牌成功分享了它的商标品牌价值创造和管理方法。本土化的策略使得Interbrand在品牌行业成为全球思想领导者。在中国，Interbrand为当地的客户提供量身定做的适合当地需求的品牌评估、创意设计和品牌管理的解决方案。此外，Interbrand还在中国推出反映中国品牌现状的品牌评估研究报告，比如有关"中国制造"的研究。Interbrand当前在中国服务的客户中超过70%是中国本土企业。

当前Interbrand在中国的主要客户包括万科集团、方正集团、博时基金、中国银联、招商证券、中国银行、太平洋保险、华为技术、均瑶集团、复星集团、佳能中国等。

（资料来源：http://www.interbrand.com/zh-CHT/about-us/Interbrand-about-us.aspx）

世界品牌实验室（World Brand Lab）是一家国际化、专业性的品牌研究机构，总部在美国纽约，由1999年诺贝尔经济学奖得主、"欧元之父"罗伯特·蒙代尔（Robert Mundell）教授担任主席。世界品牌实验室每年发布中国500最具价值品牌、亚洲品牌500强和世界品牌500强系列榜单，其专家和顾问来自美国哈佛大学、耶鲁大学、英国牛津大学、剑桥大学等世界顶级学府，其研究成果已经成为许多企业并购过程中无形资产评估的重要依据。

作为全球领先的品牌评估机构，世界品牌实验室也是一家奉行"独立公正"原则的权威品牌评审机构，始终走在学术研究前沿，独创了国际领先的"品牌附加值工具箱"（BVA Tools）。其评估方法BVA（Brand value Added）与现行的"经济适用法"（Economic Use Method）相吻合。同时，世界品牌实验室拥有一批专业的经济、金融及数理分析人才，他们大都来自欧美著名院校，具有不同的文化和背景。

连续十多年发布的世界品牌500强排行榜评判的依据是品牌的世界影响力。品牌影响力（Brand Influence）是指品牌开拓市场、占领市场并获得利润的能力。按照品牌影响力的三项关键指标，即市场占有率（Share of Market）、品牌忠诚度（Brand Loyalty）和全球领导力（Global Leadership），世界品牌实验室对全球8000个知名品牌进行了评分，最终推出了世界最具影响力的500个品牌。

2013年世界品牌500强排行榜入选国家共计27个。从品牌数量的国家分布看，美国占据500强中的232席，继续保持品牌大国风范；法国以47个品牌位居第二，比上一年增加了3个品牌；日本虽然以41个品牌入选而排名第三，但比上一年减少了2个品牌。英国、德国、瑞士和意大利是品牌大国的第二阵营，分别有39个、23个、21个和18个品牌入选。由此可见，即使欧洲经济低迷，但欧美国家的超级品牌似乎依然坚挺。中国虽然有25个品牌入选，但相对于13亿人口，中国显然还处于"品牌第三世界"。

2013年世界品牌500强共覆盖了51个行业，传媒行业因39个品牌入选而位居第一；食品与饮料行业共有36个品牌入榜而位居第二；汽车行业有32个品牌入选而位居第三。零售、数码与家电和能源行业是行业品牌第二阵营，它们分别有24个、21个和20个品牌入选。虽然传媒行业入选品牌最多，但高昂的印刷成本导致印刷媒体的品牌影响力在逐年下滑，即使是发行多个国家的跨国印刷媒体《新闻周刊》和《读者文摘》，都得面对停刊或破产的结局。《时代周刊》和《纽约时报》的广告和发行数量也节节败退，导致这几年的排名逐渐下滑。

2013年新上榜的品牌总计有27个，表现突出的是互联网行业，共有5个新品牌入选，它们是社交媒体邻客音（LinkedIn）、旅游网站价格在线（Pricéline）、信息存储商易安信（EMC）、在线支付网站贝宝（Paypal）和旅行顾问网站猫途鹰（TripAdvisor）。航空行业新增加了3个品牌，它们是阿联酋航空（Emirates Airlines）、联合大陆（United Continental）和空中客车（Airbus）。此外，汽车行业也新增加了2个品牌，分别是特斯拉（Tesla）和劳斯莱斯（Rolls-Royce）。特别是电动汽车的倡导者特斯拉，2013年开启了豪华型电动汽车的市场，一夜之间赢得了大量消费者的青睐和赞誉。

2013年最大的品牌输家是诺基亚（Nokia），下滑了149名。因为战略摇摆不定，行动迟缓，错失智能机的良机，从2000年3030亿欧元市值到2013年71.7亿美元被出售，直接印证了"没有品牌能成常胜将军"。柯达胶卷（Kodak）、礼来制药（Eli Lilly）和百代娱乐（EMI）等，它们都跌出了世界品牌500强榜单。特别值得一提的是柯达，从1888年第一部柯达照相机上市开始，柯达神话一度延续了上百年。柯达首先发明了数码摄影技术，但自己却错过了数码摄影领域的诸多机遇，最终数码摄影摧毁了该公司以胶卷为主的商业模式。

2013年度世界品牌500强的平均年龄达到98.71岁，其中100岁以上的"老字号"达217个。最古老的品牌是英国的牛津大学，至2013年已经有917年历史，剑桥大学、哈佛大学因为分别拥有804年和377年历史而分别位居最古老品牌的第二和第三。中国入选的25个品牌中只有青岛啤酒（110岁）和中国银行（101岁）超越百龄。依行业来看，教育类品牌最古老，平均年龄为323.17岁。而科技品牌最年轻，如YouTube、推特（Twitter）和脸书（Facebook）等品牌从建立至2013年不到10年的时间，却都拥有几亿用户，并成为世界级品牌。

（资料来源：http://www.worldbrandlab.com/world/2013/）

Millward Brown（明略行）作为全球领先的市场咨询机构一直致力于为客户提供拥有广阔视角的解决方案以及专业咨询建议。Millward Brown在44个国家拥有76家分公司，并服务于全球TOP100企业中的90%。

2006年，Millward Brown与华通现代（ACSR）实现了资源整合，成立了北京华通明略信息咨询有限公司（Millward Brown ACSR）。Millward Brown ACSR是Millward Brown在中国唯一合法的业务经营机构。华通现代是中国最早也是最著名的本土市场研究公司之一。

重组后的华通明略充分实现了全球资源与华通现代本土优势完美结合，并在中国获得长足发展。其服务也受到客户的一致肯定，成为在帮助客户维护和保持品牌竞争力方面最领先的市场研究机构之一。

在中国，华通明略服务于多家全球及国内领先企业，其研究成果被权威媒体刊登和转载，引起广泛的社会反响。华通明略用专业化的服务，在全球验证可行的研究模型和方法，为客户寻找商业机会，帮助客户树立和发展自己的品牌，并且进一步优化媒体策略。

今天的华通明略的研究专家已经从媒体和传播评估，扩展到对品牌运行的监控管理以及公司的市场策略评估，并成为在广告、媒体、传播以及品牌资产研究领域占据领先位置的专业市场咨询机构。

3.2 服装类奢侈品行业

3.2.1 行业概述

作为服装产业链条中高端定位的服装类奢侈品行业，主要指的是高级时装与高级成衣，其中又分为女装、男装和童装三个主要产品类别。对于服装产业，我们可以从成衣、时装、时装周、高级成衣、高级定制（高级时装）这五个角度来理解。

成衣（Garments），本义是指按一定规格、号型标准所批量生产的成品衣服，它是一个相对于量身定制和手工缝制的概念。成衣作为一种工业产品，具有生产机械化、产品规模系列化、质量标准化、包装统一化的特征，并附有品牌、面料成分、号型、洗涤保养说明等标识。通常我们在各类百货店、零售店、网上品牌店等渠道购买到的服装都属于成衣的范畴。

时装（Fashion），本义指款式新颖而富有时代感的服装。与成衣最大的区别是，时装更加强调在一定时间、地域内为一大部分人所接受的新颖入时的流行性。时装采用更加新颖的面料、辅料和工艺，对织物的结构、质地、色彩、花型等要求也较高，讲究装饰、配套。而且在款式、造型、色彩、纹样、缀饰等方面不断变化创新、标新立异。世界女性时装的发源地在法国的巴黎、意大利的米兰，以及后起之秀英国的伦敦；而男性时装的发源地则是日本的东京和美国的纽约。在当代,巴黎、米兰、纽约、伦敦、东京被视为世界时装的潮流圣地。

时装周(Fashion Week),本义指以服装设计师和时尚品牌最新产品发布会为核心的动态展示活动,也是聚合时尚文化产业的展示盛会。全球顶级的时装秀主要在巴黎、伦敦、米兰、纽约、东京定期举行,其中巴黎、纽约、米兰、伦敦的时装周被称为世界"四大时装周"。每一个时装周都有自己偏重的时装风格:纽约时装周偏商业休闲、伦敦时装周风格先锋前卫、米兰时装周主打本土时髦、巴黎时装周则是高级定制的天下。以巴黎时装周为例,按照服装的类型,服装秀分为成衣秀(Ready-to-wear)、高级定制秀(Couture)和男装秀(Men's Wear/ Men's Fashion);而按照时装秀的发布时间顺序,又分别有春夏系列(Spring/ Summer)、早秋系列(Pre-Fall)、用以填补每年春秋两个正季空白的度假系列(Resort/Cruise),以及秋冬系列(Fall/ Winter),由法国高级时装工会组织并确定时间。时装周不仅对当季的服饰流行趋势具有指导作用,同时也引领着鞋子、包包、帽子以及妆容等配饰元素的流行趋势。

高级成衣(Ready-to-wear)译自法语 Pret-à-porter。本义指在一定程度上保留或继承了 Haute Couture(高级定制)的某些技术,以中产阶级为对象的小批量多品种的高档成衣。它是介于 Haute Couture 和以一般大众为对象的大批量生产的廉价成衣(法语称 Confection)之间的一种服装产业。高级成衣与一般成衣的区别,不仅在于其批量大小、质量高低,关键还在于其设计的个性和品位。因此,国际上的高级成衣大体都是一些设计师品牌。

造就高级成衣如今的繁荣景象,与社会经济、文化和科学技术的发展是密不可分的,历史上大致可以分为三个重要的时期:

(1)高级成衣初创期(1947—1960年)。第二次世界大战给世界的政治格局、经济发展及文化领域的转向带来了根本性的影响:以美国为代表的西方经济体迅速恢复和崛起,主宰了世界的经济发展和文化走向;时装品牌消费群体在"二战"后发生巨大变化；文艺思潮的不断冲击，彻底改变了"二战"后年轻一代的生活方式和消费观念；美国成为世界政治、经济和文化的中心。

（2）高级成衣发展期（1961—1974年）。"反文化的时代"，亦称为"摇晃的60年代"，是20世纪变化最剧烈的时期，尤为重要的是，这个时期是欧美及日本经济呈现高速发展时期，为高级成衣的流行做好了思想和物质的准备。

（3）高级成衣主导的多元发展期（1975年至今）。1975—1980年，是欧美经济持续发展的关键时期，为高级成衣的多元化发展提供了强有力的经济基础；而中产阶级的不断扩大，又为此提供了坚实的消费市场。以日本为首的亚洲时装的崛起，为欧美国际市场注入了绚丽的东方色彩、开拓了更为广阔的消费基础。信息时代的到来，又为高级成衣的发展提供了技术创新的保障。自1975年起，世界进入了以高级成衣为主导的成衣多元化发展时期。

高级定制（Haute Couture），又称高级时装，是根据客户需要、量体裁衣、手工制作的时装，倾注了设计师与制作者的才华与精力，体现了设计师与穿戴者个人风格的完美结合，是时装的最高形式与境界，也是法国优秀传统服饰文化的精髓所在。

高级定制源于欧洲古代及近代宫廷贵妇的礼服，自1858年诞生以来，法国高级定制时装已经有了150多年的历史。1858年，Charles Frederick Worth（查尔斯·弗雷德里克·沃斯）首次将设计的理念引入时装界，并在巴黎开设了一家以他个人名字命名的专为上层女性量身定制的高级服装店。这是历史上第一个高级定制服装店。Worth首次以设计师而非传统裁缝的身份出现在世人面前。当他的设计得到法国皇后的青睐之后，更是声名远播。世界各地的皇室贵族趋之若鹜，不但为服装的高昂价格欣然买单，更为拥有Worth设计的服装而深感自豪。1868年，巴黎第一个"高级定制服设计师权威组织"，也称为"高级时装协会（La Chambre Syndicale de la Couture)"成立了,它对高级定制服装店的规模、技术条件、发布会细节等作了严格规定。1973 年,又由"高级时装协会""高级成衣设计师协会"和"男装设计师协会"三部分共同组成了今天的"法国高级时装公会(Chambre Syndicale de la Couture Parisienne)"。

Charles Frederick Worth 及其 1887 年设计的宫廷晚装,
面料采用丝绸、玻璃、金属线等

高级定制的制作工序极其考究而烦琐,一件普通的高级定制礼服一般要耗费 100~400 个小时,而且需要一个多达 20~50 人的专业团队分工完成各自最拿手的工序,一针一线都是极致工艺的完美体现。以 Chanel 为例,其高级定制团队的背后有七家最著名的手工作坊提供奢华细节的完美保证:Desrues 纽扣坊、Lemari 羽饰工坊、Michel 制帽坊、Lesage 刺绣坊、Massaro 鞋履坊、Goossens 珠宝坊、Guillet 花饰坊。由此也或许不难看出为什么会有动辄 10 万美元,顶级用户甚至达到 100 万美元的一套高级定制礼服了。

在法国,"Haute Couture"是受法律保护的命名,只有得到法国高级时装协会的认可,才有资格称为高级定制。受认可之前,按照"定制规模"的大小进行划分的 Moyenne Couture(中等定制)、Petite Couture(小定制),以及有些高级成衣品牌推出工艺奢华的 Semi Couture(半定制系列),都不能冠以 Haute(高级)的字样。

而一个时装品牌要申请成为"Haute Couture",受到法律的保护,并成为"高级时装协会"的正式会员,必须同时满足四个条件:

(1)所有时装及配饰均为私人客户设计制造,按订单生产,纯手工完成。

(2)必须在巴黎有工作室,至少有15个专职人员;常年雇用3个以上的专职模特。

(3)每年参加法国高级时装协会举办的两次时装发布会(春夏和秋冬);每次发布作品不少于35套,其中包括日装和晚礼服。

(4)每年至少对顾客做45次不公开的新装展示。

(这一申请标准在1992年进行修订后,一直沿用至今)

严格来说,只有获得法国高级时装公会旗下某一协会的入会资格认证,并且是纯巴黎血统的品牌,才是"正式会员(Membres Haute Couture)"。而与那些正式会员同列却非巴黎本土的品牌,只能获得"境外会员(Membres Correspondants)"的称号。当然,这部分品牌也是正式会员,只不过区别在于地域性。比如:Versace、Valentino、Giorgio Armani等品牌。

截至2015年12月,法国高级时装协会共有正式会员12家,境外会员6家,特邀会员9家,珠宝5家,配饰3家。

2015年法国高级时装协会会员

会员类别	高级时装品牌		会员释义
正式会员 (Membres Haute Couture)	Adeline André	Anne Valérie Hash	获得法国高级时装公会旗下某一协会的入会资格认证,并且是纯巴黎血统的品牌
	Atelier Gustavolins	Chanel	
	Christian Dior	Christophe Josse	
	Franck Sorbier	Givenchy	
	Jean Paul Gaultier	Maurizio Galante	
	Stéphane Rolland	Giambattista Valli	
境外会员 (Membres Correspondants)	Azzedine Alaïa	Elie Saab	与正式会员同台展示的外国高级时装品牌
	Giorgio Armani	Valentino	
	Versace	Sir Jason Twist	

续表

会员类别	高级时装品牌		会员释义
特邀会员 （Membres Invité）	Alexis Mabille	Alexandre Vauthier	受到正式会员自助，借高级定制时装周舞台发布和展示作品的各国新锐设计师品牌
	Bouchra Jarrar	Iris Van Herpen	
	Julien Fournié	Maxime Simoens	
	Yiqing Yin	Aouadi	
	Guo Pei		
珠宝（Bijoux）	Boucheron	Chanel Joaillerie	
	Chaumet	Dior Joaillerie	
	Van Cleef & Arpels		
配饰（Accessories）	Loulou de la Falaise	Massaro	
	On Aura Tout Vu		

资料来源：http://www.dormiyan.com/ShowInfo.asp?ID=237。

3.2.2 服装类奢侈品品牌

2014年世界品牌实验室服装类奢侈品品牌

序号	排名	品牌年龄	品牌名	中文名	所属国家	创始年代
1	66	104	Chanel	香奈儿	法国	1910
2	76	68	Dior	迪奥		1946
3	302	51	Yves Saint Laurent	伊夫·圣·罗兰		1962
4	417	62	Givenchy	纪梵希		1952
5	437	95	Balenciaga	巴黎世家		1919
6	108	101	Prada	普拉达	意大利	1910
7	188	36	Gianni Versace	范思哲		1978
8	275	29	Dolce & Gabbana	杜嘉班纳		1985
9	281	63	MaxMara	麦丝玛拉		1951
10	338	89	Fendi	芬迪		1925
11	382	39	Giorgio Armani	乔治·阿玛尼		1975
12	468	54	Valentino	华伦天奴		1960
13	481	104	Ermenegildo Zegna	杰尼亚		1910
14	205	158	Burberry	巴宝莉	英国	1856
15	430	121	Dunhill	登喜路		1893
16	199	47	Ralph Lauren	拉夫·劳伦	美国	1968

资料来源：根据世界品牌实验室发布的2014年世界品牌500强排行榜整理。

Part 1
集百家之言鉴"奢侈"

从世界品牌实验室发布的 2014 年世界品牌 500 强排行榜中的服装类奢侈品品牌来看,意大利与法国是世界当之无愧的顶级服装品牌缔造强国。法国 5 个上榜服装品牌平均年龄超过 72 岁,向世界时装界骄傲地讲述着其悠久、浪漫、高雅的时尚文化;意大利则创造 8 个平均年龄高达 64 岁的奢侈服装品牌上榜,其中两个百年品牌杰尼亚和普拉达更是当今国际时装界男装和女装类别中最炙手可热的品牌。而榜单中历史最悠久的两个服装品牌,是来自英国的巴宝莉和登喜路,这两个彰显着浓厚英伦风格和绅士气息的品牌,也曾在世界时装史上创造过无数令人惊叹、回味无穷的经典作品。

	Givenchy	纪梵希	1952	法国
	创始人	Hubert de Givenchy 贝尔·德·纪梵希		
	隶属公司	LVMH 集团(收购于 1988 年)		
品牌风格	4G 设计风格:Genteel(古典)、Grace(优雅)、Gaiety(愉悦)、Givenchy(纪梵希)			
产品系列	男装、女装、运动装、体育用品、牛仔装、皮饰品、配件、香水、家饰品等			
名人情缘	当奥黛莉·赫本身着他设计的白色礼服出现在著名影片《情归巴黎》中时,纪梵希开始受到国际关注。从 1953 年延续到 20 世纪 90 年代,奥黛莉·赫本式晚礼服一直是纪梵希服饰的象征与标志。 当约翰·肯尼迪总统遇刺后,世人注意到悲伤的肯尼迪家族都身着纪梵希服饰。杰奎琳·肯尼迪为葬礼专门订购了一套纪梵希礼服,在巴黎制作好后空运过来			
经典单品	香水:Amarige 爱慕(1991 年)、Organza 女神(1996 年)、Very IrresistibleGivenchy 粉红魅力(2003 年)、Ange Ou Demon 魅幻天使(2006 年)、迷雾花园(2009 年) 彩妆:花想容(2010 年)、法兰西情人(2010 年) 服装:自由线条、两件套晚装			
品牌故事	贝尔·德·纪梵希,身高 198cm,于 1927 年 2 月 21 日出生在法国诺曼底 Beauvais 的一个艺术世家。他自幼就展露出出众的艺术天分,于十岁时参观巴黎万国博览会的服装馆之后,便立志成为一位时装设计师。 1945 年,当他还只是一个美术学校的学生时,就开始在 Jnoques Fath 的工作室实习,之后又跟随过 Robert Piquet、Lucien Ldiong 与 Elss Schiaparelli 等设计师。 1952 年 2 月 2 日,他首度在巴黎推出个人的作品发表会。在这场以白色棉布为主、辅以典雅刺绣与华丽珠饰的时装展中,他的创意才华令在场人士惊艳不已,同时也奠定了 Givenchy 在时装界的尊崇形象。 几十年来,Givenchy 一直保持着"优雅的风格",在时装界几乎成了"优雅"的代名词。而纪梵希本人在任何场合出现也总是带着一种儒雅的气度和清爽不俗的外形,因而被誉为"时装界的绅士"			

	Versace		范思哲	1978	意大利
	创始人		Gianni Versace 詹尼·范思哲		
	隶属公司		范思哲家族		
品牌风格	充满文艺复兴时期的华丽与独特美感，夸张而性感，流露对梦想的写意				
标志含义	品牌标志是神话中的蛇妖"美杜莎"，代表着致命的吸引力				
产品系列	男装、女装、童装、香水、配饰、皮件、家具产品、酒店等				
品牌副牌	成熟女性的 ISTANTE；年轻男女 VERSUS；男装 V2、VERRY；小朋友 YOUNG VERSACE				
名人情缘	范思哲是戴安娜所青睐的众多时装设计师中一个可称为朋友的人。英式式的设计过于保守和严谨，虽然能很好地衬托出戴安娜的大家风范，但也不可避免地淡化了戴安娜的个性。范思哲为戴安娜设计的晚装则不同，戴安娜王妃的活力和热情呼之欲出。 史泰龙长得结结实实，肩宽体壮，但是按照美国人的标准体形来衡量，史泰龙就显得有点身高不够，双肩宽度过大。范思哲在 1991 年 2 月和 10 月先后为史泰龙精心设计了两套服装，一套深蓝色的西装加上牙白色的衬衣，把两肩过大的缺陷掩饰下去了，使史泰龙的身条顿时挺拔了许多，至今范思哲为史泰龙设计的这套西装仍为美国演艺界和时装界所推崇。 20 世纪 90 年代初，麦当娜为范思哲拍的一系列宣传照是其中的经典之作。麦当娜的野性与范思哲的明艳被称为天衣无缝的组合				
品牌系列	时装类 高级定制：VERSACE ALTIER COUTURE （范思哲高级定制） 第一档：VERSACE（范思哲高级时装） 第二档：VERSACE COLLECTION （范思哲高级成衣） 第三档：VERSACE JEANS COUTURE （包括 SPORTS、GOLF 等系列）		家居类 VERSACE HOME COLLECTION 彩妆香水类 VERSACE		皮包类 Vanitas Line 腕表与珠宝类 EON
品牌故事	作为米兰时尚之都"3G"之一的 Gianni Versace（詹尼·范思哲），其作品以希腊神话里的"蛇发女妖美杜莎"作为精神象征；服饰上鲜艳色彩的灵感，来自范思哲游历希腊、埃及、印度等地感受其古文明而受到的启发。 范思哲善于采用高贵豪华的面料，借助斜裁方式，在生硬的几何线条与柔和的身体曲线间巧妙过渡；范思哲的套装、裙子、大衣等都以线条为标志，性感地表达女性的身体。 1997 年 7 月 15 日，詹尼·范思哲在美国迈阿密的别墅前，遭歹徒枪杀身亡。一同设计副品牌 VERSUS 全系列商品的亲妹妹 Donatella Versace（多纳泰拉·范思哲）接管范思哲品牌，出任设计总监，二人的大哥 Santo Versace（圣托·范思哲）则一揽行政总裁（现为 Versace 集团主席）的大权。而公司的继承人则是多纳泰拉的女儿 Allegra Versace Beck（阿莱格拉·范思哲）				

Part 1
集百家之言鉴"奢侈"

	Dunhill	登喜路	1893	英国
创始人	Alfred Dunhill 阿尔弗雷德·登喜路			
隶属公司	Richemont 瑞士历峰集团（收购于 1998 年）			
品牌风格	只创造最精美的男士奢侈用品，集优雅、功能、创新于一身			
产品系列	服装、香水、皮具、烟斗、笔、配饰等			
定制服装	多达 250 种精选的英国和意大利顶级面料，引领潮流的时尚版型，从西服、夹克，到裤装、衬衫。在剪裁风格上有两种版型可供选择，一种是标志性的 St James 版型，其灵感取自 Savile Row 原型，并引入了登喜路的专属风格；另一种是修身的 Belgravia 版型，特征包括紧实的腰线、挺拔的胸部轮廓和鲜明的肩线，还可以选择平兜或斜兜，单开衩或双开衩，尖驳头或平驳头领面，完美实现个性化定制诉求			
烟斗	登喜路于 1893 年接下了父亲的马车用具工厂，那时他只有 21 岁。1904 年他设计了一款有挡风作用的烟斗，让驾驶敞篷车的人可以一边抽烟斗一边开车，不会让风吹得火星四溅，这个设计今日看起来显得无用，但是因为当时车速并不快，这样的设计已足堪大用，也显示了一百多年前，登喜路在考虑客户使用方便上已经勇于创新。 登喜路烟斗精选超过 100 年树龄的石楠木根，耗时六周的时间，经过超过 90 道制作工序纯人手制作而成。 关于登喜路与英国大名鼎鼎的首相——丘吉尔，还有这样一个经典故事："二战"的某一天，伦敦城半夜遭到了德军的轰炸，轰炸过后不到半小时，丘吉尔接到登喜路的通知："阁下寄存本店的雪茄完好无损，可以随时取用"			
打火机	1923 年，登喜路与两位制造商合作，为一个失去一只手臂的军官设计了一个可以放进衣袋，同时也能单手使用的打火机。这为打火机市场带来了一场革命。开始这种打火机取名为 Everytime，后改为 Unique。1956 年，登喜路 Rollagas 打火机问世，它是世界上首只丁烷气体高级打火机			
名人情缘	登喜路拥有一个忠实而尊贵的顾客群，他们每一位都是当时流行时尚的引领者。这份名单包括英国首相丘吉尔、西班牙阿方索国王、挪威肯特公爵、影星张国荣、暹罗（今天的泰国）国王、埃及国王法鲁克、荷兰王子贝恩哈德、印度大公，以及萨默塞特·毛姆、奥利弗·哈代等。几乎每个人都很喜爱登喜路的香水，享用登喜路的雪茄，同时希望通过登喜路的手表来知晓时间，用登喜路的钢笔和文具给亲朋好友写信			
品牌故事	1893 年，Alfred Dunhill 接掌家族马具业务，致力于创造顶级的男士用品和配件。20 世纪初，汽车厂商所生产的汽车只有底盘和车身，并没有我们今天已习以为常的配饰。作为一位天赋异禀的企业家，时年仅 21 岁的 Alfred 抓住了这一机会，将家族企业从单纯的马具店，变成了汽车配件商店"Dunhill Motorities"（Dunhill 驾乘用品），提供"除汽车以外的一切汽车用品"——从皮革驾驶服和头盔，到风镜、汽车喇叭、仪表板时钟、行李箱。 随着"Dunhill's Motorities"的成功发展，以及其在英国上流社会中的声誉日隆，Alfred Dunhill 在 20 世纪开始了全球扩张，确立了其作为全球唯一男士奢侈品牌的地位			

3.3 皮具类奢侈品行业

3.3.1 行业概述

"皮具"（Leather Goods）是皮革制品的总称，但并不是所有皮革制品都可以归纳到"皮具奢侈品"的范畴。例如，皮质家具方面的皮沙发、皮椅、皮床等产品应当属于皮饰家具类，而不是我们常提到的皮包、皮带等皮具奢侈品，毕竟二者从制造工艺、技术手法，到生产设备、工具材料都是有所区别的，而且我们也很少见到一家做皮饰家具的企业会去生产皮包或者皮带等产品。

从皮具的用途来看，我们大致可以把皮具分为皮饰家具、皮饰服装、皮饰配件、工业皮革品四个类别。

皮具的分类	
皮饰家具	皮沙发、皮椅、皮床等
皮饰服装	皮衣、皮裤、皮鞋、皮带、皮帽和皮手套等
皮饰配件	皮包、皮箱、皮手册、皮套等
工业皮革品	汽车、游艇、飞机、建筑物等内饰用品

而本书所提及的皮具奢侈品主要是指皮饰配件和皮饰服装这两个细分领域。

作为皮具的绝对主要用料，皮革的选取及制作工艺极为讲究，如今国际几大皮具奢侈品品牌都在皮革原料采购、皮革筛选、皮革制作和皮革护理等环节设立自己的严格标准，以打造专属于品牌本身的独特风格和精致品质。皮革指经脱毛和鞣制等物理、化学加工所得到的已经变性、不易腐烂的动物皮。而对于皮革的分类，大致有以下几种方式。

皮革的分类

分类方法	皮革种类
动物种类	猪皮、牛皮、羊皮、马皮、袋鼠皮、鱼皮、鸵鸟皮、鳄鱼皮、蛇皮、蜥蜴皮、狐狸皮、貂皮、鼠皮等
层次	头层革、二层革
制造方式	真皮（动物皮）、再生皮、人造革、合成革

3.3.2 皮具类奢侈品品牌

2014年世界品牌实验室皮具类奢侈品品牌

序号	排名	品牌年龄	品牌名	中文名	所属国家	创始年代
1	53	160	Louis Vuitton	路易威登	法国	1854
2	84	177	Hermès	爱马仕	法国	1837
3	98	93	Gucci	古驰	意大利	1921
4	158	48	Bottega Veneta	宝缇嘉	意大利	1966
5	445	69	Céline	赛琳	法国	1945
6	446	88	Salvatore Ferragamo	菲拉格慕	意大利	1926
7	453	73	Coach	蔻驰	美国	1941

虽然像Chanel（香奈儿）、Gucci（古驰）、Fendi（芬迪）等服装类奢侈品品牌也有其非常出名的皮具产品，如Chanel的2.55菱形格纹包、Gucci的竹节包、Fendi的皮草系列包包，但毕竟它们不是品牌的主打产品，因此在皮具类奢侈品品牌这一节，本书选取的是以皮具产品起家，也一直将其作为主打产品而闻名于国际奢侈品市场的品牌。

	Hermès	爱马仕	1837	法国
	创始人	Thierry Hermès 蒂埃利·爱马仕		
	隶属公司	爱马仕家族		
品牌风格	深邃的思想、高尚的品位、丰富的内涵、精湛的工艺			
产品系列	男装、女装、箱包皮具、香水、钟表、珠宝、配饰、马具用品、生活艺术品等			
Kelly 凯利包	1956年，当时的摩纳哥王妃，好莱坞著名女星格蕾丝·凯利（Grace Kelly）正身怀六甲，某次出现在公共场合，面对媒体的镜头，她不由自主地将片刻不离身的爱马仕凯利包挡在身前，以遮掩因怀孕而隆起的小腹。美国著名的《生活》杂志恰巧捕捉到这一难得的画面，并用作封面。一时之间，爱马仕凯利包之名不胫而走，这个镜头也成为历史性的画面，一度引起了世界的瞩目。			

续表

	此外，要订制一个爱马仕的"凯利包"，需要等上数月甚至几年的时间。因为它的每一块皮革，都要经过多重繁复的工序来处理。这种皮革均有制造工匠的标记，不论维修或保养，都由同一工匠负责，如此严谨的制作，正是它金贵的原因
Birkin 铂金包	1984年，法国女星Jane Birkin在一架法航的班机上遇到了一位优雅的男士。当她包里的东西不小心散落在地上时，这位男士跟她说："你应该背一个有口袋的包包。"Jane Birkin回答他道："等爱马仕设计出一个带有口袋的包包，我就会买了。"男士真诚地对她说："我会为你制作一个带有口袋的包包的。" 这位男士就是爱马仕第五任总裁——让·路易斯·杜马斯，而铂金包也借此机缘应运而生，它在凯莉包的基础之上增大了尺寸，但又别具特色
丝巾	1937年，由骑师外套引发灵感的第一条爱马仕丝巾诞生，名为：女士与巴士。从那时起，爱马仕每年推出12款设计，至今已经有100多个款式的丝巾呈现在世人眼前。很多经典设计，如Brides de Gala等，经过重新配色后依然备受欢迎，经久不衰。每一条丝巾通过层层关卡，需费时18个月才得以诞生。 如同巴宝莉的风衣、香奈儿的套装，爱马仕的丝巾同样是时尚界不朽的传奇
品牌故事	从1837年在巴黎开设首家马具店以来，爱马仕就一直以精美的手工和贵族式的设计风格立足于经典服饰品牌的巅峰。它奢侈、保守、尊贵，整个品牌由整体到细节，再到它的专卖店，都弥漫着浓郁的以马文化为中心的深厚底蕴。 19世纪，在法国巴黎，大部分居民都饲养马匹。1837年，蒂埃利·爱马仕在繁华的Madeleine地区的Basse-du-Rempart街上开设了第一间马具专营店。 1867年，在巴黎举行的万国博览会中，爱马仕便凭着精湛的工艺，赢得一级荣誉奖项。 20世纪20年代，爱马仕将产品拓展至手提袋、旅行袋、手套、皮带、珠宝、笔记本以及手表、烟灰缸、丝巾等产品。艺术对爱马仕产品的设计产生了巨大的影响，其产品保持着法国人的浪漫与艺术格调

	Louis Vuitton	路易威登	1854	法国
	创始人	Louis Vuitton 路易·威登		
	隶属公司	LVHM集团		
品牌风格	卓越的品质、杰出的创意、精湛的工艺——打造时尚的旅行艺术			
产品系列	皮具产品(手袋、旅行箱、小皮具等)、配饰、鞋、腕表、珠宝及成衣			
Neverfull	Neverfull手袋是路易威登品牌极具代表性的款式之一，诞生于2007年。Neverfull，就是永远装不满的意思。 Neverfull手袋带有浓厚的古典气息，拥有白色棋盘格（Damier帆布）、棕色棋盘格（Damier皮革）、老花（Monogram帆布）三种材质。其中老花中号是最为畅销的款式，可以说是街包			
Speedy30	20世纪30年代面世的Speedy，是小型款的Keepall手袋。造型轻巧，实用又可配搭不同造型，掀起时尚手袋的潮流。Speedy之名，喻义其设计配合现代急速的生活节奏。时至今天，仍然是路易威登精湛工艺的象征			

Part 1 集百家之言鉴"奢侈"

续表

Alma 中号手袋	Alma 系列女包,是 20 世纪 30 年代 Gaston Vuitton 所设计的包型,现已成为路易威登手袋经典中的经典。Alma 风格大气稳重,充满知性女人味道;同时颜色多变、材质丰富,每款组合无时无刻不在表达着自我的鲜明风格与时尚姿态
名人情缘	1854 年,路易·威登发明了一种有提手的扁平箱子,代替过去大而笨重的木头箱子,所用材料仍然是山毛榉、白杨树、皮革、金属饰品、带扣和锁等。这种箱子不仅结实耐用,又便于出行时携带,造型美观大方,色彩典雅协调,所以很快打开销路,并得到法国皇后欧仁妮的赏识,并只从路易·威登那里定做首饰匣子。 随着路易·威登制作箱子的精湛技艺声名远扬,他越来越受到各国皇室的认可。埃及国王定做了保存水果的柳条箱子,俄国沙皇尼古拉二世、印度许多土邦主、西班牙国王阿尔方斯七世,都到路易·威登店里订货
品牌故事	路易·威登 1821 年 2 月 12 日出生在法国的一个小村庄,父亲是附近林场的伐木工人,家境贫寒。父母没钱给他买玩具,刨子和凿子伴随着他的童年,他从小就对木工活产生了浓厚兴趣。 1835 年,年仅 14 岁的路易·威登告别接近瑞士边境侏罗山区 Anchay 村庄的老家,徒步 400 千米远赴巴黎闯天下。 到了巴黎以后,费尽周折,终于在一家著名木工手工作坊找到了活儿。工作是用山毛榉和白杨树制作盛鲜奶用的木桶。当时正是第二帝国时期,盛大舞会风靡整个巴黎,外省的显贵人士经常趋之若鹜,许多阔太太都买这种木桶装女裙和衬裙。当时人们急需找到旅行中携带衣物的便利工具——路易威登包便应运而生。 1907 年,一队携带路易威登行李箱的探险队由巴黎出发穿越戈壁,抵达北京,展开了与中国的历史渊源。 1931 年,配备了特别订制的路易威登旅行箱,名为"东方之旅"的探险队由地中海出发,沿马可·波罗旅行路线,历经 315 天、跋涉 12000 里险阻抵达中国海岸。 1992 年,路易威登进入中国,截至 2013 年 11 月,路易威登已经在中国国内 33 个城市拥有 47 家专卖店

	Coach	蔻驰	1941	美国
	创始人	Miles Cahn 迈尔斯·卡恩		
	隶属公司	Coach 公司		
品牌风格	简洁、耐用,让中产阶级都可以买得起的轻奢品			
产品系列	女包、男包、旅行箱、眼镜、手套、围巾、香水、手表、鞋、办公家具等			
金色手提箱	诱人的金色总是令人向往的,细珠串成的包链轻轻地系着藏满秘密的小提箱,蔻驰华丽的和别具一格的金色小提箱里一定装载着美好的祝愿。用旋转的包扣代替以往的内扣式设计,不但避免了流俗的可能,也起到了不小的装饰作用,挎上这个闪耀的手提箱,会不经意地为你美丽的一天增色不少			

续表

复古挎包	蔻驰的这款具有些许民族气息的挎包是假日里提升心情的不错选择，巧克力色的包身用硬度颇高的皮质勾勒出硬朗的线条，金色的扣环和链带用耀眼的光泽点亮了节日里的彩灯，包带处编藤的运用吐露出复古的民族情结，背带处细心地选用了皮质连接无疑提升了它的舒适度
珐琅手镯	鲜亮的颜色是装点节日不可或缺的元素，看看圣诞树上缤纷的礼物和地毯上调皮的彩蛋，谁不想将这些令人愉快的颜色通通收入囊中呢？蔻驰把这些诱人的色彩戴到了你的手腕上，每一个闪亮的手镯都像极了不同口味的甜美糖果，如果你正在为节日送给朋友什么礼物发愁，那么，这些可爱的手镯就是让她惊喜的魔法环
品牌故事	蔻驰创始人 Miles Cahn 最初是从一双传统的棒球手套中获得的制作灵感。他发现棒球手套越用越光滑，于是他借鉴其技术，并经过细致处理，将坚固耐用的棒球手套皮革变得柔软耐用。这种皮件呈现着迷人的天然纹路，而且不需要繁复的保养技巧，也能保持最初的样貌。自 20 世纪 40 年代创立以来，蔻驰一直都是美国职业妇女的象征。直到 20 世纪 80 年代末，在华尔街上班的多数女性还穿着直排扣的衬衫，打着丝质的领结，再搭配一个蔻驰的公事包。 不过，这种情况在 20 世纪 90 年代发生了改变。美国的上班族不再要求穿得那么拘谨严肃，公文包也能换成更加时尚的款式，这种职场的新风潮开始冲击到传统保守的 Coach。与此同时，来自欧洲的 LV 和 Gucci 等品牌开始进入美国市场——这些欧洲精品颜色明亮，设计时尚，相比之下，当时的 Coach 品种有限，款式也鲜有创新。 1995 年上任的 CEO 法兰克福（Lew Frankfort）决定重新制定品牌战略，并提出 3F 新产品理念——Fun、Feminine、Fashionable（趣味、女性、时尚）。"入门级奢侈品"的品牌定位，不仅让蔻驰绕开了顶级奢侈品牌的战场，还为新世纪进入发展中国家，赢得大量追求时尚的中产阶级人群打下了良好的基础。 如今，蔻驰已经成为与路易威登、古驰、芬迪、普拉达等顶级奢侈品品牌齐名的世界级轻奢品牌

3.4 飞机类奢侈品行业

3.4.1 行业概述

私人飞机，作为点缀富贵人士奢华人生的一项顶级配置，为它的拥有者在出行和商务活动中提供安全、迅捷、私密和尊贵的服务。

一般而言，私人飞机指的是喷气式飞机或螺旋翼直升机。对于超级富豪而言，普通喷气式飞机可能还无法满足其特殊的要求，因此对大型民用客机进行内饰装修，升级为私人喷气式飞机，成为最佳选择。比尔·盖茨就曾斥资 1.6 亿美元，购买世界上迄今为止最贵、最大的民航飞机——空客 A380。它拥有 80 米的翼展，73 米的机长，24 米的机身高度，555 个机舱座位，15000 千米的最大航程，可谓极尽奢华。

而对于一般富人及企业，则多选择使用商务喷气式飞机公司专门出产的商务喷气式飞机作为私人用机：如庞巴迪宇航公司的环球快车系列（Global Express）、挑战者系列（Challenger）及李耳喷气式飞机系列，湾流喷气式飞机公司的湾流喷气式飞机系列，赛斯纳飞行器公司的奖状喷气式飞机（Citation）系列等。这类喷气式飞机一般为 9 吨以下的小型飞机，可搭乘 4~10 位乘客。

总的来说，商务喷气式飞机按照价格、航程、客舱容积等数据可分为超轻型、轻型、中型、大型和超大型 5 个级别。

商务喷气式飞机等级分类

类型	特征	生产企业	型号
重型喷气式飞机	价格在 6800 万美元以上，超过 1 万千米航程，客舱容积超过 85 立方米。重型喷气式飞机是高贵的象征，一般改装自运输机，其价格也是商务喷气式飞机中最昂贵的	空中客车	A318、A319CJ、A380
		波音	BBJ、BBJ2、BBJ3
		巴西航空	世袭 1000
大型喷气式飞机	价格在 4600 万~6800 万美元，航程超过 9260 千米，客舱容积在 42.5~85 立方米。在所有机型分类中，大型公务机能提供最好的航程、速度和客舱舒适度	庞巴迪宇航	环球快车 5000、环球快车 6000、挑战者 850
		达索猎鹰	猎鹰 7X
		湾流宇航	湾流 G550、湾流 G650
中型喷气式飞机	价格在 1800 万~4200 万美元，航程在 5741~9260 千米，客舱容积在 19.8~42.5 立方米。中型公务机的价值主要靠增强客舱舒适性和优异的航程来体现，一般是大型企业的首选公务机类型	庞巴迪宇航	挑战者 300、挑战者 604、挑战者 605
		达索猎鹰	猎鹰 900DX、猎鹰 900EX、猎鹰 2000DX
		巴西航空	莱格赛 600、莱格赛 650
		湾流宇航	湾流 350、湾流 450
		豪客比奇	豪客 4000、豪客 850、豪客 850XP
		塞斯纳航空	奖状 X、奖状 XLS

续表

类型	特征	生产企业	型号
轻型喷气式飞机	价格在700万~1800万美元，航程在3148~5741千米，客舱容积在8.5~19.8立方米。与其他公务机相比，轻型公务机主要靠较低的价格、低廉的运营成本、在较短航程内的高效率来取得竞争优势	庞巴迪宇航	里尔40、里尔45
		塞斯纳航空	奖状CJ、奖状CJ2、奖状550、奖状560
		巴西航空	飞鸿300
		豪客比奇	首相一号
		本田工业	Honda Jet
		Piper Aircraft	Piper 幻影
超轻喷气式飞机	比轻型公务机更小的飞机	亚当航空	A700
		西锐设计	西锐 SF50
		塞斯纳航空	奖状野马
		康普艾	康普艾 Jet
		钻石航空	D-Jet
		日蚀飞机	Eclipse400、Eclipse500
		巴西航空	飞鸿100

3.4.2 飞机类奢侈品品牌

2012年世界奢侈品协会（WLA）全球十大私人飞机品牌

序号	品牌名	中文名	所属国家	创始年代
1	Gulfstream	湾流	美国	1958
2	Bombardier	庞巴迪	加拿大	1907
3	Dassaul Falcon	达索	法国	1967
4	Embraer	巴西航空	巴西	1969
5	Hawker Beechcraft	豪客比奇	美国	1932
6	Cessna	赛斯纳	美国	1927
7	Cirrus	西锐	美国	1984
8	Eurocopter	欧直	法国	1992
9	Bellhelicopter	贝尔	美国	1935
10	Sikorsky Aircraft	西科斯基	美国	1923

在喷气式飞机的发展历史上，一大批来自德国、法国、美国、英国和俄罗斯等航空业大国的科学家、飞行员与科技工作者，为如今商务喷气式飞机市场的繁荣积累了宝贵的技术经验、奠定了坚实的航行基础。而随着航空工业的不断升级，资本市场的不断整合，当代商务喷气式飞机市场催

生了若干在国际市场和富人阶级拥有良好口碑的飞机制造商。从上表可以看出，美国是当今世界商务喷气式飞机制造与销售领域的绝对霸主。

Gulfstream	Gulfstream Aerospace Co.	湾流宇航公司	1958	美国
	总部地点	美国佐治亚州萨凡纳		
	隶属公司	通用动力公司（收购于1999年）		
产品系列	商务喷气式飞机——G100/G150（基于IAI Astra SPX）、G200（基于IAI 银河）、G300/G350（基于湾流IV-SP）、G400/G450（基于湾流IV-X）、G500/G550（基于湾流V-SP）、G650			
	其他飞机——苏霍伊－湾流S-21（超音速公务机）、AA-1C Lynx T-Cat（2座单发轻型飞机）、AA-5A Cheetah（4座单发轻型飞机）、AA-5B Tiger（4座单发轻型飞机）、GA-7 Cougar（4座单发轻型飞机）			
湾流I	由湾流公司前身格鲁曼飞机公司研制生产。20世纪50年代初期，格鲁曼飞机公司发现市场需要行政机，便着手开始研制单翼的S2"追踪者"反潜机的衍生机型，但计划失败，随后根据客户要求在1957年继续研制改进，形成后来采用下单翼布局的湾流I，初定名为G.159。1958年8月14日首飞。由于未按正常程序进行，首飞过程中飞机故障，在空中燃油系统关闭，飞机进行了紧急迫降。1959年10月开始投入运营。湾流I-C：加长型，仅制造5架，计划未获成功。截至1969年停产，共生产200架，目前仍有超过100架的湾流I在使用中			
湾流II	由湾流公司前身格鲁曼飞机公司研制生产。1965年5月开始研制，采用T型尾翼，以喷气发动机为动力，在乘坐舒适度和航程上较湾流I有很大的改善。最初定名为G.1159。1966年10月2日首飞。1967年10月获美国联邦航空局（FAA）适航证。湾流II（TT），装备翼尖油箱，加大了航程，增加了机翼面积，提高了飞行性能和操作性能。湾流II-SP：加装航空伙伴公司的翼尖融合小翼。截至停产，湾流II各型共生产258架			
湾流III	湾流II改进型，主要区别在于重新设计的机翼上带有翼梢小翼，增加了机身长度和燃油容量，燃油效率提高了18%。1978年春湾流公司宣布研制，1979年12月2日第一架原型机首次试飞，1980年9月22日获美国联邦航空局型号合格证。至1988年9月停产，总产量206架			
湾流IV	湾流III型飞机的发展型，1983年开始初步设计。自1985年起开始生产4架原型机，同年9月19日第一架原型机首次试飞。1987年4月22日获得美国联邦航空局型号合格证。在湾流III大受欢迎的基础上增加航程约40%，改用新型发动机增加功率，并降低噪声以符合新的联邦航空条例。湾流IV-SP：目前唯一生产的湾流IV的型号，1992年6月首飞，使用新型电子飞行仪表，商务载重与航程比标准型湾流IV增加约50%			
湾流V	湾流IV型飞机的发展型，1992年宣布开始研制，是世界上第一架超远程公务机。在湾流IV型基础上加长2.13米，采用新型机翼和尾翼，不经停航程可达12000千米。1995年11月28日第一架原型机首次试飞。1997年4月获得美国联邦航空局型号合格证，已交付约150架。湾流V-SP：进一步加大航程，客舱内部空间加大，改善舒适度，2001年8月31日首飞			

	Bombardier Aerospace Co.	庞巴迪宇航公司	1942	加拿大
	总部地点	加拿大魁北克省蒙特利尔市		
	隶属公司	庞巴迪公司		
公司部门及其产品与服务	商务机部:"里尔喷气"系列、"挑战者"系列、远程"环球快车"、"加空商务喷气机"和"加空专栏编辑"商务机			
	支线飞机部:CRJ 系列,涡桨飞机 Q200、Q300、Q400 等			
	飞机服务和新商用飞机项目部:飞机维修、零件后勤、飞行培训和政府任务与飞行等			
	两栖飞机部:主要生产庞巴迪 415			
	Flexjet 和 Skyjet 公司:Flexjet 公司提供部分飞机拥有服务和按小时飞行权限项目,Skyjet 公司提供方便的包机服务			
里尔 60XR	里尔系列商务机的客舱以卓越的舒适性、宽阔的通道、可供站立的客舱高度以及宽敞的座椅空间而著称。在此基础上,里尔 60XR 广泛采用下一代技术,对客舱设计进行了重点改进,包括从巧妙分布的触屏客舱电子控制器到采用最先进技术、能播放 XM 卫星无线信号的音频/视频系统等。但技术改进不仅仅局限在客舱方面,驾驶舱也采用了罗克韦尔·柯林斯公司的 Pro Line 21 航电套件和 4 块 20.3 厘米 ×25.4 厘米的液晶显示屏,仪表一体化程度更高,使得面板布局更有序,相应地也减轻了驾驶员的工作负荷。通过增加电子图表和飞机位置显示屏等标准配置,新的航电套件改进了驾驶舱,极大地增强了驾驶员的态势感知能力,将安全性提高到了新的水平。如今,庞巴迪里尔 60XR 飞机已成为世界上飞行速度最快、飞行高度最高的中型商务机之一,它能以创纪录的速度跨大陆甚至跨大洋运送多达 9 位乘客。并且,里尔 60XR 还拥有绝佳的爬升性能,能在 13 分钟内从地面爬升到 11000 多米的高度			
环球 6000	环球 6000——飞机中的劳斯莱斯 作为当今市场上最先进、最豪华的商务机,它专为品位非凡、眼光挑剔的旅行者而设计。从先进的驾驶舱环境,到绝对宁静的后舱休息室,环球 6000 无不精益求精,它堪称性能最全面的商务喷气式飞机。 环球 6000 客舱的宽敞、私密、豪华、舒适感受可为用户带来全球顶级酒店般的体验。飞机前面设有厨房,后面精心安排了特等舱,旁边设有娱乐设施,能为旅客提供最佳的休闲方式和私人空间。客舱长 14.73 米,宽 2.49 米,高 1.91 米,面积达 31.1 平方米。 为实现客户满意度最大化,庞巴迪宇航根据客户需要提供公务机定制服务,比如内部结构、布局、航电设备以及其他可选设备。这样一来,需求不同,飞机价位自然也不一样。 环球 6000 采用最具创新性的方法实现预防性维护,并继续使用庞巴迪挑战者 604 以及庞巴迪支线飞机的维护项目。由此极大提高了飞机效率,并大幅降低了维护工作量。其中,专项维护(发动机与机身)代替了大修与定期检测;机载维护系统(OMS)能够检测飞机系统的任何异常,并向飞行部门提供精确、实时的飞机状态报告。这些设备将环球 6000 打造成市场上最负盛名的公务机之一			

Part 1 集百家之言鉴"奢侈"

Hawker Beechcraft	Hawker Beechcraft Cor.	豪客比奇飞机公司	1932	美国
	总部地点	美国堪萨斯州		
	创始人	沃尔特·比奇、奥利夫·安·比奇夫妇		
经营范围	公务机、涡桨飞机、活塞发动机飞机的制造、飞机服务与保障			
产品系列	豪客比奇飞机公司的产品系列包括从单发、双发活塞发动机、涡轮螺旋桨飞机到轻型、中型喷气式飞机共 11 个机种。 在喷气飞机系列中有中型机"豪客"系列和"首相 I";在涡轮螺旋桨飞机系列中,有世界上最为成功的"空中国王"系列和比奇 1900 支线飞机;活塞发动机飞机有两种著名的机型:"富豪"和"男爵"			
豪客 4000 (中型机)	原名豪客"地平线",于 2008 年 6 月 6 日取得美国 FAA 合格证,成为世界上第一架取得美国 FAA 合格证的复合材料结构超中型公务机,是豪客比奇系列飞机的旗舰机型。 豪客 4000 以先进的后掠翼设计、复合材料机身和划时代的航空电子设备,在公务机领域确立了一种全新的超中型级别。它以革命性的碳纤维机身实现了可观的重量减少、燃油经济性提高、性能提升和寿命循环成本降低等目标。 2008 年 9 月,因其卓越的性能和悠久的品牌,豪客 4000 在美国被《罗博报告》评为年度"极品之选"品牌之一。 其机身采用全复合材料,客舱高 1.83 米、宽 1.97 米。平整的地板贯穿整个客舱,通向 2.51 立方米的行李舱,行李舱在飞行中和在地面上均可达。飞机的内饰是标准的 8 座布局,配置了双俱乐部式的真皮行政座椅。客舱内饰基于广泛的装饰材料,完全客户个性化			
豪客 400XP (轻型机)	完美地平衡了价格、灵活性与较低的运行成本,是轻型喷气机市场上速度最快的商务喷气飞机。它的革新设计包括一个装备完善的机上厨房、四座中央俱乐部式座椅和同级别飞机中最大的客舱。具有出色的技术、卓越的性能、上乘的舒适性和无法想象的便利			
空中国王 350i (双发活塞)	于 2009 年 12 月获得美国 FAA 和 EASA 型号合格证,并于 12 月底首付客户。 空中国王 350i 具备高品质的客舱管理系统和信息娱乐系统,能保证每一名乘客都可以使用私人电子设备处理工作或享受个性化的机上娱乐节目,包括 DVD、CD、MP3、苹果 iPod、索尼 PlayStation 和 Xbox360 游戏平台、笔记本电脑、数码相机和摄像机、USB 数据存储设备和未来的 HDMI 设备。在前橱柜的后部装有展开式高清显示器,宽屏显示器可加在每个中央俱乐部式座椅上。 空中国王 350i 是一款"满载而发"的飞机:双套中央俱乐部式豪华客舱可以坐满 8 名乘客;加温加压、飞行中可存取的行李区是同级别机型中最大的;油箱可携带足够飞行近 2400 千米的燃油			

3.5 游艇类奢侈品行业

3.5.1 行业概述

海洋,地球上一切生物与生命的起源之地,人类文明传播与扩散的重要通道,承载了太多人类征服大自然、探索未知世界的故事与希望。

就像人类征服蓝天、发明飞机的历史一样,游艇的诞生同样见证了科学技术的进步、经济文化的发展、人们对奢华生活品质要求的不断提高。得益于西方各国从航海时代起积累的造船工艺、航海知识,借助于两次工业革命发明的新型动力和制造技术,成长于"二战"后经济与消费的迅速发展,游艇已经从原本单纯的航海工具、休闲方式,演变成为如今集成了人类所有工业文明、物质追求、身份象征、财富地位的物质标志。现在一些西方国家把几乎所有能想到的最先进的科技产品装备到游艇上,把几乎所有能用到的最奢华的材料用来建造游艇,使其成为当今世界仅次于私人飞机的高档出行、游玩工具。特别是在意大利、法国、英国、北美及澳大利亚等传统海洋强国,游艇早已是人们周末度假、休闲娱乐的一种常用工具。

一艘中小型游艇,通常都按空间结构配备有以下功能:下层的室内空间,配备主人房、客房及卫生间;中层空间则是客厅、驾驶舱、厨房和尾门甲板平台;上层设有露天望台和驾驶台,一般为了防晒、防雨,还设置了软篷。在动力和技术方面,游艇配置了发动机、发电机、雷达、专业的仪器仪表,电话通信设备、冷气设备、家用电器,甚至卫星导航系统;而在休闲娱乐设备方面,则设有卡拉OK设备、电子游戏房、加长的钓鱼船尾等。从整体上看游艇就是一个融现代办公与家庭休闲为一体的海上流动公寓。它在海上有着一体化的功能特征,既可将游艇作为家庭休闲生活场所,又可作为朋友聚会或商务宴请的私密空间,这些无不充分体现了富闲阶级现代生活的高质量与高品位追求。

游艇等级分类

分类方法	类别
按大小	小型(11米以下)、中型(11~18米)、豪华型(18~24米)、超大型(24米以上)
按动力	无动力艇、帆船(又分无辅助动力帆船和辅助动力帆船)、动力艇
按材质	木质艇、钢质艇、铝合金艇、玻璃钢(FRP)艇、碳纤维艇
按速度	低速、中速、高速、超高速艇
按装机方式	舷外挂机艇、艉驱动艇(以船内外机为动力)、船内装机艇等
按用途	运动艇、特种艇、休闲艇、商务艇、运营游艇、赛艇
按品质	高档豪华游艇、家庭型豪华游艇、中档普通游艇、廉价游艇

3.5.2 游艇类奢侈品品牌

2012年世界奢侈品协会(WLA)全球十大豪华游艇品牌

序号	品牌名	中文名	所属国家	创始年代
1	Azimut	阿兹慕	意大利	1969
2	Sunseeker	圣汐克	英国	1970
3	Ferretti	法拉帝	意大利	1968
4	Lurssen	乐顺	德国	1875
5	Riva	丽娃	意大利	1842
6	Wally	沃利	意大利	1992
7	Princess	公主	英国	1965
8	Pershing	博星	意大利	1981
9	Beneteau	博纳多	法国	1884
10	Itama	意达马	意大利	1969

作为14世纪欧洲文艺复兴运动的摇篮,在地中海北岸拥有狭长海岸线的亚平宁半岛,似乎自古以来就孕育着一种与航海精神有关的海洋文化。这个半岛构成了意大利80%以上的国土,也是世界地理大发现者、著名航海家——哥伦布的出生地。他的家乡,意大利热那亚,则是当今国际

最大规模游艇展的举办地之一。在 2012 年世界奢侈品协会评选出的全球十大豪华游艇品牌中，来自意大利的品牌高达 6 席之多，这对于造船业同样十分发达的西欧国家来说，不可不谓之为一份荣耀。

	Azimut	阿兹慕	1969	意大利
	总部地点	都灵－阿维里亚那		
	所属集团	意大利阿兹慕－贝内蒂集团		
产品系列	Azimut 阿兹慕系列：代表开放和驾驶桥系列（12~35 米） Atlantis 亚特兰蒂斯系列：代表开放式系列（10~17 米） Benetti 贝内蒂系列：代表 24~70 米的大型游艇系列			
Azimut 43S	作为斯特法诺·里吉尼设计的开放型号之一，其活动区与休息区独立分开，门窗搭配协调，将舒适、高雅与开放的运动活力完美结合。 该游艇长 13.37 米，宽 4.22 米，拥有动感流线型的外形，配有方形的便于靠岸的船头和扩大的休息甲板。前甲板中间安置有太阳椅，椅架为树脂玻璃，上有软垫；甲板两侧走道宽敞易行，外侧有钢护栏。 从右舷舷梯通往驾驶舱，舱内设有六座 U 形带垫沙发，沙发本体是一个储藏柜，中间是可升降桌。当降下去时，原来的小会议室就成为一个舒服的日光浴区。舱内通往小餐厅的门上有四个透明玻璃滑板，将滑板完全拉开时，驾驶舱就同小餐厅连为一体了。 游艇内部由设计师卡罗·伽里阿齐在阿兹慕风格设计部门的协助下完成，现代而精致。大窗户带来高采光度，门板、墙壁和柜板所用的高技术材料和织物，进一步提高光亮度，同时又与红木地板和家具形成鲜明对比。 在船尾的主舱中有一张双人床，下带抽屉，后墙有两个衣柜，舱内直通靠近船尾的洗手间。该舱有两个固定的大面积方窗，窗下带有光挡，阻止外面的阳光进入主卧和洗手间。 右舷的客舱有四块方窗，均位于船的右侧，里面有两张床，一张可滑动与另一张拼成双人床，下有抽屉。衣柜和洗手间在客舱前部：柚木地板、圆形淋浴头、滑动树脂玻璃门、木质淋浴方格底座，外带一个由木框支起的透明玻璃洗脸池和两面带镜子的化妆品柜			
品牌故事	Azimut 公司于 1969 年由保罗·维他利创立，当时主要从事游艇租赁、进口、销售等事业。1974 年，公司推出了自制的产品 AZ 43 Bali，在市场上颇受欢迎，从而促使 Azimut 成为国际豪华游艇知名品牌之一。1982 年，Azimut 公司首次制造了 "Azimut 105 Failiaka" 游艇，是当时系列产品中最长的游艇，航速达到 32 节，成为当时世界上少数能制造 30 米以上的游艇制造厂之一。 Benetti 公司，由洛伦佐·贝内蒂创立于 1873 年，公司共有三座厂区，分别位于 Viareggio、Fano 以及 Livorno。Benetti 的生产线比较复杂，以建造铝合金、钢船为主，长度从 30 米到 70 米不等。 1985 年，Azimut 并购 Benetti，组成如今的意大利 Azimut-Benetti 集团，它拥有 4 个厂房，其中位于 Viareggio 的厂区是组装中心，在 Fano 的厂房是专门制造纤维增强复合材料（FRP）船壳基地。 创意设计是 Azimut 游艇品牌一贯的追求。才华横溢的意大利年轻设计师 Stefano Righini 最先引入了流线型设计和椭圆舷窗，用他丰富的创造性和想象力巩固了 Azimut 在游艇制造业的时尚先锋地位。而内饰设计师 Carlo Galeazzi 将航海文化以外的多种元素大胆地运用于 Azimut 内部空间的装饰，构成了 Azimut 的另一标志性特征			

Part 1
集百家之言鉴"奢侈"

	Ferretti	法拉帝	1968	意大利
(FERRETTI YACHTS)	总部地点	意大利弗利		
	所属集团	意大利法拉帝集团		
集团游艇品牌系列	飞桥式豪华动力艇：Ferretti Yachts、Riva、Custom Line 经典传统型：Apreamare、Mochi Craft 高性能型：Pershing（博星）、Itama（意达马） 运动海钓型：Bertram 大型游艇：CRN（>40米）			
Ferretti 660	长约20米的Ferretti 660游艇是法拉帝游艇2009年在原有630基础上的改进版本，也是非常适合家庭亲子旅行的一款优质游艇。创新的设计和突破的科技，造就了纵贯首尾的球形玻璃窗户，令Ferretti 660的外部轮廓尤为迷人修长，极具梦幻气质。飞桥和甲板上的众多创意则为露天的海上生活增添了无限乐趣；极大的日光浴区域是Ferretti 660的特点之一，船首和飞桥驾驶台前各有一片，都充分利用了船体的宽度。飞桥上，U型沙发围绕着一张固定可伸展桌子。靠近船首一侧的沙发可以调整转向，或成为U型沙发的一部分，或成为驾驶台侧一张单独的双人沙发，方便与驾船者交谈。而冰箱和烧烤设备则安排在楼梯旁，这样一来，飞桥上也可以方便地准备餐饮小吃。 Ferretti 660的尾阱安放了一张固定式8人亚光柚木大餐桌，一侧的储柜则收藏起小座椅，以备不时之需。靠近厨房的位置设计了一张吧台，下面的柜子摆放冰箱。右舷是就餐区：4张座椅和一张L型转角沙发围绕着6人餐桌。桌旁的柜子上摆放着一台26英寸液晶电视，无论U型沙发或餐区的人都可以得到很好的视角。 沿扶梯往下走，就来到豪华的主卧舱。由于它占据了船身中央最宽处，两侧各一面造价高达15万欧元的2平方米超大"海上之窗"，步入其中，顿时感受到它的宽敞和气派。大窗两边都有可开启的小舷窗，保证室内的空气新鲜			
品牌故事	法拉帝作为意大利著名游艇制造商，也是一个著名的游艇品牌。而法拉帝集团不仅是意大利最大，也是欧洲第一大豪华游艇设计制造公司，主要设计和制造7~80米的豪华游艇及运动休闲艇，年造艇量约450艘。 1968年，Alessandro Ferretti和Norberto Ferretti两兄弟创办了法拉帝造船厂；1971年，他们成功制造了第一艘游艇；20世纪80年代，法拉帝开始专攻制造豪华游艇；1998年法拉帝集团从著名的美国造船厂收购了Bertram品牌游艇后，一跃成为世界最大的运动型海钓游艇供应商；2000年，法拉帝集团100%控股Riva S.P.A.游艇厂；2012年1月10日，山东重工集团下属的潍柴集团在济南正式宣布，将实现对法拉帝有限公司的绝对控股。此次并购活动涉及1.78亿欧元的股权投资，1.96亿欧元的贷款额度，以及通过转股及2500万欧元的现金投资。 如今，法拉帝集团与世界上大约70个国家、超过50个经销商保持着生意往来。在中国的三个代理商分别是深圳坚荣公司、巴富仕（Bahrfuss）和亚勋斐瑞（Antek）			

		Princess	公主	1965	英国
PRINCESS		总部地点		英国普利茅斯	
		所属集团		英国公主游艇国际公司	
游艇品牌系列	豪华飞桥系列和豪华运动系列（V 系列）				
公主 V48	作为一款多功能的运动型游艇，全新的公主 V48 拥有时尚的设计、动感的造型以及宽敞的布局，可在体验刺激的同时尽享舒适。 轻型树脂灌注船体与最新沃尔沃 IPS 发动机的结合旨在加快滑行速度的转化，以便在确保性能的同时提高效率。操纵杆控制能确保在低速行驶时拥有同样出色的性能，即使是在最拥挤的码头，也能实现轻松驾驭。 船上的主甲板可采用灵活的设置：宽敞的客厅为炎热的夏日提供了一个清凉的避暑之处；巨大的电动顶篷可将客厅转变成一个真正的"敞篷船"；而设计独特的三拉门则可以直接连通船尾的后甲板。巨大的下水平台可存放一艘辅助船，且可配备升降装置，从而令水上运动成为真正的享受。 甲板下方的底层客厅犹如一个私密的避风港湾，是休闲放松的理想场所。与其相邻的厨房拥有齐全的设施，可为远程航行提供一切生活所需。 船上的豪华住宿包括两间大型套房舱，即一间宽敞且采光充分的主人房以及一间船首客舱。后者可选配折叠床系统，以根据需要转变为大床或双床使用				
品牌故事	公主游艇定位于高端豪华私人游艇市场，承袭英国皇家贵族气质。经典的设计，精良的工艺，出色的性能，可靠的品质，豪华的装饰，舒适的布局，使公主成为世界上最受欢迎的豪华游艇品牌之一，同时也成就了公主游艇极高的客户忠诚度。 公主游艇的前身是 1965 年在英国普利茅斯港创立的海洋工程有限公司，创始人是 David King，公司在当时的厂房里生产并出租了第一艘"31 型"游艇。 "31 型"游艇为厂房赢得了许多订单和利润，也让"生产游艇并出售"这个想法得以付诸实践；1970 年起，第一艘使用玻璃纤维强化塑胶外壳成型技术制造的游艇——"公主 32 型"荣耀登场。 1980 年，划时代的 P45 型游艇横空出世，由世界顶级游艇设计师 Bernard Olesinski 担纲设计，成为业界的标准。特级大师 Bernard Olesinski 也成为公主游艇的御用设计师，直至今日。 2006 年 4 月 6 日，在上海展览中心举行的第十一届中国国际船艇及技术设备展览会上，被《胡润百富》杂志评选为"2006 年最受中国千万富翁青睐的豪华游艇品牌"的世界著名顶级豪华游艇制造商英国 Princess Yachts（公主游艇国际公司）正式宣布进入中国市场，并将中国的游艇代理权正式授予了拥有丰富进口品牌代理经验的深圳中汽南方游艇公司				

3.6 汽车类奢侈品行业

3.6.1 行业概述

古时候，男人在马背上征服天下；如今，男人在汽车里纵横世界。一辆汽车，绝不仅仅是一件陆地上的出行工具，它甚至可以成为男人的一个梦想。一声引擎的嘶吼，让人心潮澎湃；一段极速狂奔，让人释放狂野与激情；一场说走就走的旅行，让人尽享自由与舒适；一个几寸的车头商标，则让人尽显身份与品位。

在汽车工业 100 多年的发展历史里，欧洲的德国、英国和法国堪称现代汽车的造物者，它们将汽车从蒸汽动力时代带到了汽油动力时代。

1829 年，英国的詹姆斯发明了时速 25 千米的蒸汽车，该车可以作为大轿车使用。它装有笨重的锅炉和许多煤，跑起来黑烟滚滚，污染街道，并发出隆隆的噪声，而且事故频繁地出现。1860 年，法国工人鲁诺阿尔发明了内燃机，用大约 1 马力的煤气发动机来带动汽车，但运行效果并不好。1885 年，德国工程师卡尔·本茨（Karl Benz）在曼海姆制成了第一辆机动三轮车，该车采用一台两冲程单缸 0.9 马力的汽油机，具备了现代汽车的一些基本特点，如火花点火、水冷循环、钢管车架、钢板弹簧悬架、后轮驱动前轮转向和制动手把等。1886 年的 1 月 29 日，卡尔·本茨为该机动车申请专利，11 月他获得了来自德意志的专利授权书（专利号：37435a）。世界上第一辆现代汽车就此诞生，后来人们把 1886 年作为汽车元年。

1909 年，美国福特汽车公司生产的福特 T 型汽车为汽车制造的模式开创了新纪元，它是世界上第一种在生产线上装配而成的汽车，它号召着 20

世纪初的美国,乃至全世界的人民进入新的汽车时代。

20世纪80年代,以精益生产方式著称的日本丰田公司,凭借其"全面质量管理体系""及时生产体系"等先进理念,将日本汽车工业的影响力传播至全球消费市场,并引领欧美各国汽车制造商共同进入汽车制造的现代管理模式阶段。

如今的国际汽车产业,已形成了以德国的大众集团、戴姆勒集团、宝马集团,美国的福特汽车公司、通用汽车公司,日本的丰田汽车公司,意大利的菲亚特集团等垄断的市场格局。而随着近几年来国际汽车市场的竞争日益激烈,消费者的环保理念渐趋成熟,也催生了韩国现代集团这样的后起之秀。

国际各大汽车集团 2011—2013 财年营收排名　　单位:亿美元

序号	汽车集团	2011	2012	2013
1	大众	2195.68	2482.12	2638.47
2	丰田	2349.37	2661.55	2564.07
3	戴姆勒	1468.13	1472.41	1580.11
4	通用	1503.00	1522.56	1554.27
5	福特	1363.00	1335.00	1469.00
6	本田	1004.80	1191.55	1181.88
7	菲亚特-克莱斯勒	820.73	1081.56	1162.71
8	日产	1189.50	1161.60	1141.20
9	宝马集团	948.36	989.98	1018.63
10	现代	688.90	789.30	811.32

资料来源:http://bbs.hupu.com/9696610.html。

1. 德国大众汽车集团

大众汽车集团成立于1938年,总部位于德国沃尔夫斯堡,是欧洲最大的汽车公司,也是世界汽车行业中最具实力的跨国公司之一。大众汽车集团致力于为顾客提供最前沿的科技成果、独具匠心的设计和几乎所有汽车细分市场里质量最佳的产品。自2009年摆脱全球金融危机以来,大众集团在2010—2012年营收持续快速增长,年均复合增长率均超20%,营收由 2009 年的 1051.87 亿欧元增至 2012 年的 1926.76 亿欧元。而 2013 年，其营收增长骤降，同比仅微增 2.2%，至 1970.07 亿欧元。大众集团营业利润同比也微增长，微增 1.5%，至 116.71 亿欧元。

1984 年，大众汽车在中国建立了首个合资企业上海大众；1991 年又在长春建立了第二家合资企业——一汽大众。

德国大众集团旗下汽车品牌

大众	Volkswagen	奥迪	Audi
宾利	BENTLEY	布加迪	BUGATTI
保时捷	PORSCHE	兰博基尼	LAMBORGHINI
斯柯达	SKODA	西雅特	SEAT
斯堪尼亚	SCANIA	杜卡迪	DUCAUDI

2012—2013 年大众汽车集团旗下各汽车品牌营业收入及营业利润变化表

品牌	营业收入（亿欧元）			营业利润（亿欧元）		
	2012	2013	同比（%）	2012	2013	同比（%）
大众乘用车	1039.42	993.97	-4.4	36.43	28.94	-20.6
奥迪	487.71	498.80	2.3	53.65	50.30	-6.2
保时捷	58.79	143.26	243.7	9.43	25.79	273.5
宾利	14.53	16.79	15.6	1.00	1.68	68.0
斯柯达	104.38	103.24	-1.1	7.12	5.22	-26.7
西雅特	64.85	68.74	6.0	-1.56	-1.52	2.6
斯堪尼亚	93.14	103.60	11.2	9.30	9.74	4.7

资料来源：盖世汽车网、大众集团财报。

2013 年，大众汽车集团旗下近半数汽车品牌营业利润负增长，其中大众乘用车及斯柯达利润分别大跌 20.6% 和 26.7%，至 28.94 亿欧元和 5.22

亿欧元。而高端豪华车品牌宾利和保时捷则在营业收入和营业利润两项指标上均有大幅提升，特别是保时捷营业收入暴增243.7%，至143.26亿欧元，营业利润更是直翻2.7倍，可谓大众汽车集团年度财务报表中的一大吸睛亮点。

2. 菲亚特克莱斯勒汽车集团

菲亚特汽车公司始建于1899年7月，总部位于意大利的都灵市。菲亚特（FIAT）是该公司缩写的译音，FIAT也是该公司旗下一款汽车品牌的商标。菲亚特集团是世界上第一个生产微型车的汽车生产厂家，其轿车部门主要有菲亚特、法拉利、阿尔法和蓝旗亚公司，工程车辆公司有依维柯公司。

2009年，菲亚特集团开始持股美国克莱斯勒汽车公司，截至2013年底，菲亚特对克莱斯勒的持股比例为58.5%。2014年1月2日，菲亚特出资43.5亿美元，从美国汽车工人联合会（UAW）手中收购克莱斯勒集团剩余股份，成功完成收购克莱斯勒100%的股权。同月29日，菲亚特集团宣布与克莱斯勒汽车公司进行重组，组建菲亚特克莱斯勒汽车公司（Fiat Chrysler Automobiles，简称FCA）。新集团将采用全新LOGO标志，包含蓝色"FCA"字样，和"Fiat Chrysler Automobiles"全称，菲亚特表示，该标志代表"1+1＞2的有机组合"。

菲亚特克莱斯勒集团旗下汽车品牌

法拉利	![Ferrari]	玛莎拉蒂	![Maserati]
克莱斯勒	![Chrysler]	菲亚特	![Fiat]
Jeep	![Jeep]	阿尔法罗密欧	![Alfa Romeo]
道奇	![Dodge]		

3. 德国宝马集团

宝马公司创建于1916年，总部设在德国慕尼黑。1992年以前，BMW在中国并不叫宝马，而被译为"巴依尔"。这是因为BMW的德文全称是Bayerische Motoren Werke AG，中文意思是巴伐利亚机械制造厂。创世之初，BMW是一家飞机制造工厂，以生产流线型的双翼侦察机闻名于世，而当时的名字也叫BFW，公司始创人是吉斯坦·奥托（Gustan Otto）。1917年7月20日，BFW公司开始重组，并正式命名为BMW。1922年，BMW研制出了第一台摩托车发动机，虽然未被市场认可，但却为车厂奠定了重要的发展方向。1923年末，BMW在德国慕尼克（Munich）生产摩托车，名为R32系列的摩托车首次在市场中销售。1929年7月9日，BMW在一份晨报上作了整整一版的广告，宣布BMW正式进军汽车制造业，BMW第一款系列化生产的汽车也就此诞生。

很多人都认为BMW的蓝白标志象征着旋转的螺旋桨，映衬着公司早期生产飞机的历史写照。但是现任宝马总裁却更正说并非如此：宝马的总部在慕尼黑，德国的巴伐利亚州，而巴伐利亚州的州旗是蓝白相间的，宝马的名字又是巴伐利亚发动机公司，宝马就代表了巴伐利亚，代表了德国最精湛的发动机技术。

如今，宝马汽车已成为德国"三驾马车"——奔驰、宝马、奥迪中的核心一员，象征着汽车的高质量、高性能和高技术。

2013财年，宝马集团在营业收入和营业利润两项指标上皆创造了不俗的佳绩，集团年收入达到了760.58亿欧元，集团净利润则增长4.5%，达53.4亿欧元，创历史新高。

BMW品牌在2013年高档车细分市场持续领先，全球销量增长7.5%，至1655138辆。其中，X1、3系、5系和6系均在各自细分市场中保持领跑地位。BMW集团旗下MINI品牌在2013年同样创造了新的销售纪录，全球销量小幅上升1.2%，至305030辆；Rolls-Royce品牌同样保持了超豪华细分市场的领导地位，共向客户交付3630辆，增长1.5%，连续第四年创造新的销量纪录。

应该说，2013年对于宝马集团是一个全方面胜利的辉煌之年，它几乎在所有区域市场都实现了销量增长。在其最大的区域市场欧洲销售了859546辆，与前一年表现基本持平；在亚洲市场，集团销量首次突破50万辆，同比增长了17.3%，达578678辆，其中中国市场取得19.7%的增长，销售391713辆；而美洲市场则继续保持良好表现，向客户交付463822辆，增长9.0%，其中在美国市场销售376636辆，增长8.1%。

德国宝马集团旗下汽车品牌

宝马	BMW	MINI	MINI
劳斯莱斯	ROLLS ROYCE		

3.6.2 汽车类奢侈品品牌

2012年世界奢侈品协会（WLA）全球十大豪华汽车品牌

序号	品牌名	中文名	所属国家	创始年代
1	Rolls-Royce	劳斯莱斯	英国	1906
2	Bentley	宾利	英国	1919
3	Ferrari	法拉利	意大利	1929
4	Lamborghini	兰博基尼	意大利	1963
5	Maserati	玛莎拉蒂	意大利	1914
6	Aston Martin	阿斯顿·马丁	英国	1913
7	Bugatti	布加迪	意大利	1909
8	Spyker	世爵	荷兰	1915
9	Pagani	帕加尼	意大利	1982
10	Koenigsegg	柯尼塞格	瑞典	1994

如果说豪华汽车意味着精致的汽车内饰、完美的车身造型、一流的制

造工艺、舒适出众的驾驶体验，那么这些词语其实远远还不能够用来形容以上榜单中出现的品牌。因为它们还拥有超凡的动力、令人心潮澎湃的引擎嘶吼、全球最顶尖的科技及材料、全球限量的经典收藏款式，以及绝对令人咋舌的售价。

	Lamborghini	兰博基尼	1963	意大利
	总部地点	意大利圣亚加塔·波隆尼		
	所属集团	德国大众集团		
Huracan 飓风	在2014年日内瓦车展上亮相的飓风，是作为Gallardo（盖拉多）的继任产品而出现的。Huracan LP610-4搭载了一台5.2L V10自然吸气发动机，最高时速为325km/h，0~100 km/h的加速时间仅为3.2秒，最大功率610马力，售价429万元人民币			
Veneno 毒药	在2013年日内瓦车展上展出的兰博基尼纪念版新型号，全球限量3台。新车搭载来自兰博基尼Aventador的6.5L V12自然吸气发动机，最大输出功率740马力，0~100 km/h加速只有2.8秒，设计最高速度为354 km/h，售价310万英镑			
Aventado	在2011年日内瓦车展上正式亮相，作为Murcielago（蝙蝠）的换代车型，搭载了6.5L V12自然吸气发动机，最大功率700马力，0~100 km/h加速时间仅为2.9秒，极速可达350km/h，售价约750万元人民币			
Sesto Elemento 第六元素	在2010年巴黎车展上推出的一款概念车型，运用了大量的碳纤维科技，全球限量10台以内。搭载5.2L V10发动机，最大功率570马力，由于碳纤维车身极大减轻了重量，0~100 km/h的加速时间可达2.5秒，售价约2200万元人民币			
Reventon	上市于2008年，Reventon之名来源于Don Rodriguez家族所拥有的一头斗牛。采用6.5 L V12自然吸气发动机，最大功率650马力，0~100km/h加速时间为3.4秒，最高速度可达350km/h，全球限量21台，售价1500万元人民币			
品牌故事	关于兰博基尼的创立原因有这样一则趣事：驾驶法拉利250 GT的费鲁吉欧·兰博基尼，投诉由于法拉利车辆离合器出现问题，导致比赛中车辆失控，误伤了观赏赛车的民众。然而，恩佐·法拉利非但不理睬，还讽刺他没能力驾驶法拉利250 GT，只适合驾驶农业机械车辆。后来，费鲁吉欧在自己公司的仓库里，找到了一个合适的备用配件，解决了法拉利250 GT的离合器问题。此后对跑车极度热衷的费鲁吉欧开始考虑生产可以满足自己需求的跑车，甚至比法拉利更好的跑车。 兰博基尼是举世难得的艺术品，意大利最具声望的设计大师甘迪尼为其倾注一生的心血。每一个棱角、每一道线条都是如此激昂，都在默默诠释着兰博基尼那近乎原始的野性之美。公司的标志是一头浑身充满了力气，正准备向对手发动猛烈攻击的犟牛。据说兰博基尼本人就是这种不甘示弱的牛脾气，也体现了兰博基尼公司产品的特点			

	Pagani	帕加尼	1982	意大利
	总部地点	意大利摩德纳		
	创始人	奥拉西欧·帕加尼		

Zonda 风之子	亮相于 1999 年日内瓦车展，2011 年停产，每个系列都是全球两位数的量产，至今总共 8 个系列全球仅有不到 300 辆，每一辆都大量采用碳纤维材料，极尽手工制造之工艺，极其稀有而昂贵。 Zonda 的造型经过风洞测试，其进气坝、车尾扰流板和气流扩散器，可以在 297km/h 的高速时对车身产生 500kg 的下压力，加上车身比重均匀，Zonda 即使在超过 300km/h 的超高时速下，仍然可以运行得四平八稳。 Zonda 的整体车型与美学设计也令人叹为观止：楔形的车鼻和水滴状的玻璃车厢，中央一分为二的车尾扰流板，散发出与其他超级跑车与众不同的流线美感；而有如喷气式飞机的车尾排气管则已成为 Zonda 的注册商标。 2010 年法国巴黎国际车展上亮相的 Zonda HH 全球限量 1 台，完全不计成本地用上了超跑所能供应的全部最好零件，搭载梅赛德斯－奔驰排量为 7.3L 的 V12 发动机，最大功率达到 678 马力，最高时速约为 350km/h，0~100km/h 加速仅需 3.4 秒。至于售价，由于是全球唯一，至今没有确切数字
Huayra 风神	于 2011 年在日内瓦车展作为 Zonda 替代车型而推出，搭载 AMG 专门为帕加尼打造的 6.0L 双增压 V12 发动机，最大功率超过 700 马力，最高时速 370km/h，0~100km/h 加速快至 3.2 秒。搭配上鸥翼式车门、楔形车鼻、水滴状玻璃车厢、羊驼色真皮座椅和大量碳纤维材质，Huayra 可谓奢华工艺与极致科技的完美结合。 作为帕加尼第一款进军美国市场的车型，奥拉西欧·帕加尼对它也是倾注了无数心血，历经 7 年的设计与研发，熬过 5 年总计 100 万千米的严格道路测试，最终这辆稀世珍品才得以印入世人的眼光
品牌故事	奥拉西欧·帕加尼于 1955 年出生于阿根廷，从小他对汽车表现出浓厚的兴趣，大学主修工业设计及机械工程。1982 年，26 岁的他听取了曾 5 度摘取 F1 世界冠军的范吉奥的建议"若你想制造世界最美的车，没别的选择，一定要去意大利的摩德纳实现梦想"，直奔摩德纳城郊的超级跑车生产商兰博基尼公司，从组装工人一步一个脚印干起。后来他不仅参与了兰博基尼著名的 Diablo 跑车的设计，更率先指出碳纤维将是未来造车科技中最重要的材料。不到 10 年，他便成立自己在摩德纳的设计工作室，并在范吉奥的鼎力相助下，顺利获得 AMG 的最顶尖发动机。1999 年，第一辆成型车正式推出时，借取"安第斯山脉的风"之意，取名为 Zonda，后来在媒体宣传中被称为"风之子"

Part 1
集百家之言鉴"奢侈"

	Koenigsegg	柯尼塞格	1994	瑞典
	总部地点	瑞典安格赫尔摩		
	创始人	克里斯·冯·科尼赛克		
Koenigsegg CCX	为了纪念第一辆CC原型车从1996年出现到正式迈入第十个年头而重新设计的车型。全新的前保险杠设计，不但能够承受低速撞击而不损坏，同时也包含了刹车冷却导风口、雾灯以及美版侧向方向灯。 除了外观的改变，为了能够符合美国加州严格的环保法规，CCX配备了让汽油燃烧更完全的大汽缸、更小的双喷油嘴、全新设计的凸轮轴、新的碳纤维独立进气歧管，以及新的发动机检测系统。这些使得搭载的4.6L V8发动机，可以发挥出806马力的最大功率，0~100km/h加速仅需3.2秒，最高时速可达395km/h			
Koenigsegg Agera R	亮相于2012年日内瓦国际车展，空车净重1330kg，而单体底盘则达到了超级跑车领域中最轻的70kg。搭载5.0L V8双涡轮增压发动机，若使用E85型燃料，可发挥出最大功率1115马力，0~100km/h加速快至惊人的2.9秒；而虽然车身系统人为限速到375km/h，但其实其理论极限速度为443km/h，那意味着它将超越第二代布加迪跑车成为世界上跑得最快的量产跑车。至于其在中国市场的售价，官方报价为2650万元人民币			
品牌故事	1972年，克里斯·冯·科尼赛克出生于瑞典的斯德哥尔摩。5岁那年，他便梦想着制造出一辆属于自己的跑车。1994年，科尼赛克真开始着手设计跑车，他的想法是设计出能够与法拉利、保时捷和兰博基尼相抗衡的跑车。 科尼赛克召集了一小批瑞典当地最顶尖的工程师（其中几位兼具航空工程的工作背景），并同一些国内的赛车零备件供应商与相关学术机构合作，组成了一家规模甚为袖珍的小型车厂。工厂的核心理念不是很复杂：以类似一级方程式赛车的技术理念，开发出一辆中置引擎配置，纯双座的硬顶跑车。 1995年，科尼赛克迁入位于瑞典南部欧洛夫斯特隆工厂，开始着手设计第一辆原型车，并且在短短的一年半之内完工。 1996年，第一个汽车原型Koenigsegg CC开始接受一系列密集的严苛测试，其中包括在赛车跑道与公路上的实际行驶，并送至沃尔沃拥有的风洞中进行空气力学测试。 1997年，原型车CC正式在法国戛纳国际电影节对外曝光，引起潜在客户高度的兴趣。 2000年，科尼赛克第一部超级跑车终于在瑞典南部安格赫尔摩的新厂房装配和测试完成，并在3月的日内瓦展上交付给车主。就这样，历经近十年的研发，这款新派超级跑车终于宣布正式流传于世			

3.7 珠宝类奢侈品行业

3.7.1 行业概述

在珠宝行业，对于珠宝的概念有以下三种不同的理解：第一种观点将珠宝理解为大自然天然产出的、美丽、稀少、耐久的、可加工成精美饰品的天然物质，这种观点下的"珠宝"主要是指自然界的天然物质；第二种观点将珠宝理解为具有美观、耐久、稀有等特征和一定工艺价值、可加工成精美饰品的物质，这一观点下的"珠宝"在前者的基础之上，增加了人工合成宝石等人造珠宝的范畴；第三种观点下的"珠宝"则专指我们日常生活中穿戴的由金银、玉石等天然、人造物质经一定工艺设计、雕琢、加工而成的珠宝首饰。

按照珠宝的原材料来分类，主要有以下几种材质。

珠宝的主要原材料

种类	介绍
金、银、铂等贵金属	常具有美丽的色泽、稳定的化学性、良好的机械加工性和可回收性
珍珠、玛瑙、象牙等有机宝石	由自然界的生物生产，部分或全部由有机物质组成的宝石
钻石、玉、翡翠等无机宝石	由自然界的地质作用形成，主要物质为无机物的宝石

对于拥有珠宝首饰的不少人士来说，可能都知道珠宝同人的容颜一样，需要细心地呵护和保养。特别是对一些身价不菲的稀世珍品，不仅需要同一切杂质隔离，恐怕连保存的温度及湿度环境都需要量身调节，以保证它在时间的长河里能够颜华永驻。但对于日常生活中常用的珠宝首饰，

我们大可不必如此追求完美,只需在了解珠宝所用材质的基本物理、化学性质的基础之上,采用相应的常规维护就足够了。

珠宝的常见保养方法

原材料	维护方法
金、银、铂等贵金属	避免接触醋、果汁等酸性溶液;避免异色金属相互摩擦;避免触碰硬物;可找专业金银首饰店进行清洗保养
珍珠、玛瑙、象牙等有机宝石	避免接触酸性物质、远离高温及紫外线直接照射;远离具有漂白性的物质和气体;避免直接沾染香水、指甲水及化妆品;佩戴后可用干净的软毛巾蘸纯净水轻轻擦洗后自然晾干
钻石、玉、翡翠等无机宝石	钻石与翡翠等无机宝石应单独包装、分开保存;避免高温接触和紫外线直射;避免接触油烟、油污;远离酸、碱物质;佩戴后可用干净的软毛巾蘸纯净水轻轻擦洗后自然晾干

3.7.2 珠宝类奢侈品品牌

2012年世界奢侈品协会(WLA)全球十大皇室珠宝品牌

序号	品牌名	中文名	所属国家	创始年代
1	Cartier	卡地亚	法国	1847
2	Van Cleef & Arpels	梵克雅宝	法国	1906
3	Boucheron	宝诗龙	法国	1858
4	Harry Winston	哈利·温斯顿	美国	1932
5	Chaumet	绰美	法国	1780
6	Kloybateri	卡洛伊巴特拉	法国	1682
7	Bulgari	宝格丽	意大利	1884
8	Montblanc	万宝龙	德国	1906
9	Tiffany	蒂芙尼	美国	1837
10	Mikimoto	御本木	日本	1893

		Cartier	卡地亚	1847	法国
Cartier		创始人	Louis François Cartier 路易·弗兰科斯·卡地亚		
		隶属公司	Richemont 瑞士历峰集团		
珠宝系列	Trinity 三色金系列	由三种不同颜色的纯金组成的戒指——玫瑰金代表爱情，白金代表友情，黄金代表亲情，三个金环彼此独立又相互交织，象征着爱的丰富内涵。Trinity 系列寓意你和爱人、家人或朋友环环相扣，彼此独立却缺一不可。这正是爱的真谛：爱是支持、辉映、包容，是你中有我，我中有你			
	LOVE 系列	诞生于 20 世纪 70 年代的纽约，从最初只有情侣合作才能佩戴的"螺丝钉"手镯开始，以其对爱的诠释闻名于世。椭圆形的设计，仿佛是一副爱的"镣铐"，代表着彼此的专一和似海深情。它一经问世便立刻成为情侣们所推崇的爱情象征，更是众多明星伉俪的钟爱。随后，"螺丝钉"的形象被更加灵活地运用于戒指、吊坠等配饰，继续延续爱的主题			
腕表系列	BALLON BLEU 蓝气球系列	灵感源自人类关于飞行的梦想与尝试：1783 年成功升空的蒙特哥菲尔蓝色热气球，是人类第一个飞行器。挣脱重力束缚越飞越高的蓝色气球幻化成凸圆表镜一侧美丽的蓝宝石表冠，承载了人类对于神秘美丽外太空的幻想与永恒向往，以及爱情带来的绵绵不绝的力量和勇气			
	Tank 坦克系列	Tank 腕表问世之时，正值第一次世界大战之际，卡地亚家族的灵魂人物——路易·卡地亚（Louis Cartier），受到首次投入战场的军用坦克简约刚劲的线条启发，挥笔设计出这一传奇作品。随着卡地亚的大胆创新，每一款 Tank 腕表的设计理念与构想始终蕴藏着超越时代的先锋精神，并因此纷纷成为凌驾潮流的经典腕表之作			
品牌故事		百年以来，美誉为"皇帝的珠宝商，珠宝商的皇帝"的卡地亚，一直以其非凡的创意和完美的工艺，为人类创制精美绝伦、无可比拟的旷世杰作。回顾卡地亚的历史，就是回顾现代珠宝百年变迁的历史。卡地亚的发展一直与各国的皇室贵族和社会名流保持着息息相关的联系。卡地亚的传奇故事开始于 1847 年。Louis-Francois Cartier 以自己名字的缩写字母 L 和 C 环绕成心形组成的一个菱形标志，注册了卡地亚公司，这意味着卡地亚的正式诞生，这颗心形的标志象征着一个传奇爱情故事和奢华王国的开始。 1853 年卡地亚迁址到 Rue Neuve des Petits Champs 5 号，这一时期的法国正处于拿破仑三世的统治之下。庆典和舞会是巴黎日常的社交活动，第二帝国的辉煌极大地推动了卡地亚公司的经营和发展。由于赢得了拿破仑年轻的堂妹——Mathilde 公主的青睐，卡地亚的业务迅速地兴隆起来，风靡了当时的巴黎皇室及贵族。 1902 年即将登基为爱德华七世的威尔斯王子赞誉卡地亚为"皇帝的珠宝商，珠宝商的皇帝"。1904 年爱德华七世赐予了卡地亚皇家委任状。此后，卡地亚又陆续得到了西班牙、葡萄牙、俄罗斯、暹罗、希腊、塞尔维亚、比利时、罗马尼亚、埃及和阿尔巴尼亚等国王室及奥尔良公爵和摩纳哥公国的委任状。 如今，卡地亚成为阶级、品位、财富、高贵、坚贞和永恒等名词的代表			

Part 1
集百家之言鉴"奢侈"

BVLGARI	Bulgari	宝格丽	1884	意大利
	创始人	Sotirio Bulgari 索帝里欧·宝格丽		
	隶属公司	LVHM 集团		

B.zero1 "01"系列	作为宝格丽珠宝和腕表入门级的首选,可以搭配你所有的日常风格,个性但不抢眼,优雅却又带着几分力量感。 "01"系列名称中的字母 B 代表着宝格丽(Bulgari),而数字 01 代表着永恒的起点,意味深远,象征着宝格丽经典的经久不衰。 它的灵感源自著名罗马角斗场,B.zero1 标识性的简洁螺旋曲线是宝格丽对过去、现在及未来承续的暗喻,映射的是永恒之城历久弥新的辉煌。 B.zero1 系列诞生于 1999 年,是至今拥有 130 多年历史的宝格丽家族新成员,虽然只有短短十几年历史,却迅速地成为品牌的明星产品,衍生出无数系列,成为宝格丽家的当红小生。 B.zero1 制作工艺的灵感源于 10 世纪的冶金技术,将金属长条包裹连接,而不作任何焊接,看似简洁的设计,制作工艺却极为复杂,第一代戒指系列一经推出,其工艺就被运用于 BVLGARI Serpenti 灵蛇珠宝系列。它独特的伸缩性也让 B.zero1 第一个系列的戒指被称为"弹簧戒指",因为它真的可以伸缩变化
Serpenti 灵蛇系列	古希腊神话中,将 Asclepius 尊为医疗之神,其代表符号是具有两条蛇相盘绕的杖。因为人们相信蛇的蜕皮象征着重生、生殖、疗愈,以及地底深处所释放的力量。正是由于拥有了如此神秘的力量,几个世纪以来,蛇的象征不仅出现在古文明的神话传说中,也出现在诗人、艺术家的作品里,印证着蛇,这一古老的神秘图腾始终具有的神秘魅惑力量。同时,随着埃及 Isis 文化传播至罗马帝国,蛇的象征开始成为珠宝设计的重要灵感来源,螺旋的金手环,饰有宝石或玻璃砂制成的鳞片和眼睛的作品开始渐渐出现。 19 世纪中期后,蛇型珠宝设计开始以富有弹性的金炼制作的手环与项链,并搭配嵌有绿松石的形式出现。1890 年起,蛇型主题渐渐风行于新艺术风潮的珠宝之中,这一高贵的图形传统再度复活。 1940 年起,宝格丽率先将"蛇"主题运用至腕表设计中,并在这一轮的设计中独领风华,成就经典。在宝格丽的蛇型腕表设计中,嵌有宝石的蛇头正是表盘所在,而黄金蛇身则盘绕着手腕
品牌故事	宝格丽,是继法国卡地亚和美国蒂芙尼之后的世界第三大珠宝品牌。宝格丽大胆独特、尊贵古典,均衡地融合了古典与现代特色,突破传统学院派设计的严谨规条,以希腊式的典雅、意大利的文艺复兴及 19 世纪的冶金技术为灵感,创作出宝格丽的独特风格。 1879 年,索帝里欧·宝格丽举家移民到意大利的那不勒斯,1884 年他在罗马开了一家银器店,专门出售精美的银制雕刻品。 1930 年索帝里欧·宝格丽的两个儿子乔治和科斯坦蒂诺完全接管了家族生意,然后将家族生意从银饰扩大到各种珠宝首饰,并把品牌名称改为 BVLGARI,开始在纽约、日内瓦、蒙特卡罗等地开设海外公司,并在瑞士成立了 BVLGARI 手表公司,后来香水也成为 BVLGARI 的产品之一

TIFFANY & CO.	Tiffany& Co.		蒂芙尼	1837	美国
	创始人		Charles Lewis Tiffany 查尔斯·刘易斯·蒂芙尼		
	隶属公司		Tiffany & Co.		
Setting 订婚钻戒系列	第一个把镶嵌一颗钻石的订婚戒指变成爱情信物的人正是蒂芙尼先生。1886年，他率先推出了Tiffany Setting系列钻戒，把钻石镶嵌在六爪铂金戒托上，让钻石可以360度无死角地闪耀出它本身的光芒。那个年代的欧洲女士们佩戴的戒指设计都还很繁复，而这个简洁的设计却让姑娘们意识到钻石比戒环更重要				
Ziegfeld 齐格菲尔德系列	该系列的设计灵感源于20世纪20年代的蒂芙尼古董珍藏库，是对于爵士年代酷雅风格的现代礼赞。名称源自1927年纽约开幕的Ziegfeld剧院，该剧院为装饰艺术建筑的典范。这是一幢装饰艺术风格的地标性建筑，其大胆的几何结构设计及奢华的装饰与本系列的设计遥相呼应。 Ziegfeld系列运用黑玛瑙、珍珠与纯银制作珠宝，当时女士们流行佩戴的珍珠项链、流苏与大型鸡尾酒会均是典范，精致的纯银珠边装饰流露典雅复古气息，点缀当时流行的珍珠、黑玛瑙等装饰艺术风格珠宝钟爱的材质，简约的几何造型既传递20世纪20年代精神，也符合当代摩登美学。穿着燕尾服赴宴的男士们少不了的纯银袖扣亦属此系列。 在电影《了不起的盖茨比》中，莱昂纳多饰演的盖茨比从头到尾佩戴的雏菊图腾黑玛瑙尾戒，伊丽莎白·戴碧科饰演的乔丹佩戴的纯银镶珍珠与黑玛瑙戒指都属于Ziegfeld系列的作品				
Keys 钥匙系列	该系列灵感来自蒂芙尼公司馆藏珍品中的钥匙。这些馆藏钥匙由一些经验丰富的金匠和银匠手工精制而成，玲珑别致而不乏古典韵味。主要用于珠宝盒、纪念品盒、影集、日记本和皮箱，甚至作为开启私人俱乐部和乡村庄园大门的钥匙。其他馆藏钥匙多镶宝石，被设计成胸针或吊饰，曾被作为盾徽或送给政要的礼品				
品牌故事	1837年，美国康涅狄格州一位磨坊主的儿子查尔斯·刘易斯·蒂梵尼，来到纽约百老汇大街259号，开设了一家名为Tiffany & Young的文具及日用精品店。 1851年，蒂梵尼推出设计精美的银器，引起广泛关注。此后，又率先使用925银，并逐渐成为美国银制品的标准。 1861年，蒂梵尼受邀为林肯总统就职典礼设计纪念水罐，林肯当时送给妻子的一套珍珠首饰也是蒂梵尼产品。林肯开了先例后，其他美国总统和外国元首争相效仿。 1886年，著名的蒂芙尼六爪镶嵌法面世，立刻成为订婚钻戒镶嵌的国际标准。这种六爪镶嵌法将钻石镶在戒环之上，尽量将钻石承托起来，让光线全方位折射，使美钻尽显璀璨光华。到19世纪末，蒂梵尼的实力已经与欧洲珠宝商不相上下，它的顾客中包含有欧洲王室与富豪，创始人查尔斯·刘易斯·蒂梵尼则被美国媒体称为"钻石之王"。 如今，Tiffany已成为美国设计的象征。以爱与美、浪漫与梦想为主题而风誉了近两个世纪。它以充满感官的美以及柔软纤细的感性满足了世界上所有女性的幻想				

3.8 钟表类奢侈品行业

3.8.1 行业概述

时间，这样一个在现代人看来好似平淡无奇的名词，我们的祖先却用了几千年去慢慢观察、认识、捕捉和记录。时间的本质，是一个抽象的概念，它是物质的运动、变化的持续性、顺序性的表现。

在人类文明发展的过程中，为了用一个可以度量的参数描述物质运动的过程或记录事物发展的历程，人们开始了对于时间漫长的探索之旅。

古巴比伦人远在6000年前发现了影子的长度会随一天时间的走动而变化，于是他们发明了"日晷"在早晨计时。公元前140年左右，古希腊人制造了用30~70个齿轮系统组成的奥林匹克运动会的计时器。公元78—139年，东汉张衡制造漏水转浑天仪，用齿轮系统把浑象和计时漏壶连接起来，漏壶滴水推动浑象均匀地旋转，一天刚好转一周，这是世界上最早出现的机械钟。1350年，意大利的丹蒂制造出第一台结构简单的机械打点塔钟，日差为15~30分钟，指示机构只有时针。17世纪，逐渐出现了钟摆和发条，使运转的精度得到了很大的提高。18~19世纪，钟表制造业逐步实行了工业化生产，并达到相当高的水平。到了1946年，美国的物理学家利比博士弄清楚了原子钟的原理，并于1948年创造出了世界上第一座原子钟，从此人类对于时间的记录误差进入秒时代。原子钟的运转是借助铯、氨原子的天然振动而完成的，它可以在300年内准确运转，并且误差十分细微。20世纪，则是微电子技术与精密仪器相结合的石英电子化计时时代，钟表的日差已小于0.5秒。

其实钟表上千年的漫长演变过程，大致可以分为三个阶段，一是从大

型钟演变成小型钟；二是从小型钟演变成袋表；三是从袋表演变成腕表。而每一个阶段的发展，都是和当时技术的进步密不可分的。

13世纪意大利北部的僧侣开始建立钟塔（或称钟楼），其目的是提醒人祷告的时间。14世纪在欧洲的英、法等国的高大建筑物上出现了报时钟，钟的动力来源于用绳索悬挂重锤，利用地心引力产生的重力作用驱动重锤摆动。15世纪末、16世纪初出现了铁制发条，利用发条的卷曲压缩势能为钟提供了新的动力来源，也为钟的小型化创造了条件。1656年，荷兰的科学家惠更斯应用伽利略著名的等时理论设计了钟摆，并在1657年指导年轻钟匠S.Coster制造成功了第一个摆钟。18世纪期间发明了各种各样的擒纵机构，为袋表的进一步产生与发展奠定了基础。直到1868年，百达翡丽为献礼匈牙利的Koscowicz伯爵夫人，制作了世界上第一块可以戴在手上的钟表，只不过这种形式的钟表，在当时并不流行。1904年，经营珠宝的法国商人路易斯·弗朗索瓦·卡地亚接到飞行员好友亚伯托·桑托斯·杜蒙的抱怨：当驾驶飞机时要把怀表从口袋里拿出来十分不便，希望他帮忙解决这个问题，以便在飞行途中也能方便地查看时间。因此卡地亚便想出了用皮带及扣，将怀表绑在手上的方法，以解决好友的难题。而这种绑在手上的怀表，就是现今手表的原型。1911年卡地亚正式将这种形式的钟表商业化，推出了著名的Santos手表。1914年第一次世界大战爆发，各国军方意识到"免手提"腕表的重要性，这才启发了一般民众对手戴腕表的热切需求。从此将"怀表"戴在手腕上的"手表"开始迅速普及开来。

随着世界钟表业的发展，对于钟表的定义和分类作出了不同的规范，以下是几种常见的类别定义。

钟、表的种类

按国际惯例，按照内机大小来分类	钟	机芯直径超过50毫米、厚度超过12毫米
	怀表	机芯直径37~50毫米、厚度4~6毫米
	手表	机芯直径小于37毫米
	女表	机芯直径小于20毫米，或机芯面积不大于312平方毫米

续表

按采用振荡器的种类来分类	机械钟表	以机械式振荡器作调节	手动机械表	手上链机芯，通过转动手表的把头，将手表机芯中的主发条上满弦，经过发条卷曲势能完全释放推动齿轮运转，推动指针走时
			自动机械表	自动上链机芯的动力是依靠机芯内的摆陀重量带动产生，当佩戴手表的手臂摇摆就会带动摆陀转动，同时带动表内主发条为手表上链，推动走时
	石英钟表	以电子式振荡器——石英振荡器作调节	数字式石英电子手表	石英晶体的压电效应和二极管式液晶显示相结合的手表，其功能完全由电子元件完成
			自动石英手表	利用手臂的舞动带动表内的摆陀转动而产生能量推动内部的微型马达转化为能源，从而为表内的石英装置提供充足电量，而多余的电能会被微型电容储存起来备用
			光动能手表	通过太阳能晶片将光能转换成电能，并将电能储存在可循环使用的钛锂离子充电电池中，再由电池发出的电能通过集成电路产生脉冲信号到线圈并产生磁力驱动步进马达，由电能转换成动能，带动指针指示时间
			指针式石英表	石英表的能源来自氧化银扣式电池，氧化银扣式电池向集成电路提供特定电压之后，通过其中的振荡电路和石英谐振器使石英振子起振，形成振荡电源层。从振荡电路中输出的频率为 32768 赫兹的电信号进入分频电路后，经过 16 级分频产生 0.5Hz 的脉冲信号，再经过窄脉冲电路输出脉冲信号进入驱动电路中去放大，并且形成交替变化的双向脉冲信号，从而驱动步进电机作间歇性转动，进一步带动传动轮系，使表针准确地显示时间

18、19 世纪是钟表行业长足发展的阶段，诞生了许多当今世界上著名的顶级钟表品牌。这些品牌从一开始代表强烈个人工匠技艺的符号、家族品牌的符号、制作工坊的符号，慢慢经过商业化进程的洗礼、传播、淘汰与整合，逐渐形成了当今世界三大钟表集团：斯沃琪（Swatch）、瑞士历峰（Richemont）和路易酩轩集团（LVMH）。

斯沃琪集团的总部位于瑞士比尔市，在全球拥有 160 个产品制造中心，主要分布在瑞士、法国、德国、意大利、美国、维尔京群岛、泰国、马来西亚和中国，是世界上最大的手表生产商和分销商。尼古拉斯·海耶克先生（Nicolas G. Hayek）生于 1928 年，是 Swatch 集团的创始人之一，现任 Swatch 集团董事长。1985 年，海耶克先生在对 Asuag 和 SSIH 进行了历时四年多的重组后，最终促成两家钟表公司合并，成立了 Swatch 集团。

Swatch集团主要手表品牌

尊贵奢华	Omega（欧米茄）、Breguet（宝玑）、Blancpain（宝珀）、Glashütte（格拉苏蒂）、Jaquet Droz（雅克·德罗）、Harry Winston（哈利·温斯顿）
高端	Longines（浪琴）、Rado（雷达）
中端	Tissot（天梭）、CK、Balmain（宝曼）、Mido（美度）、Hamilton（汉密尔顿）
基础	Swatch（斯沃琪）、Flik Flak（飞菲）

历峰集团是全球第二大奢侈品集团，1988年由南非亿万富翁安顿·鲁伯特（Anton Rupert）建立，手表只是公司涉及的四个商业领域之一（珠宝、手表、配饰以及时装）。瑞士历峰旗下的钟表品牌以顶级品牌居多，并且兼容德国、瑞士、意大利和法国品牌。

Richemont集团主要手表品牌

尊贵奢华	Jaeger-LeCoultre（积家）、Vacheron Constantin（江诗丹顿）、Piaget（伯爵）、IWC（万国）、Baume et Mercier（名士）、A.Lange & Sohne（朗格）、Panerai（沛纳海）、Roger Dubuis（罗杰杜彼）
珠宝腕表	Van Cleef & Arpels（梵克雅宝）、Cartier（卡地亚）

法国酩悦轩尼诗－路易威登集团（Moët Hennessy-Louis Vuitton，LVMH Group）由贝尔纳·阿尔诺（Bernard Arnault）将全球著名的皮件公司路易威登（Louis Vuitton）与酒业家族酩悦轩尼诗（Moët Hennessy）于1987年合并而成，员工约56000人，旗下拥有50多个品牌，是当今世界最大的奢侈品集团。

Richemont集团主要手表品牌

尊贵奢华	TAG Heuer（豪雅表）、Zenith（真力时）、Hublot（宇舶）
珠宝腕表	Bulgari（宝格丽）、Chaumet（绰美）、Fred（佛列德）
时尚腕表	Dior（迪奥）

当然，除了这三大集团旗下的钟表品牌，还有一些顶级品牌则一直延续了独立制表、家族管理的传统，比如手表中的贵族Patek Philippe（百达翡丽）、以卓越可靠性能而著称的Rolex（劳力士）、精致怀表代表的Chopard（萧邦）、在计时腕表的发展历史上扮演重要角色的Breitling（百

年灵),以及世界三大制表品牌之一的 Audemars Piguet(爱彼),另外两个品牌分别是 Patek Philippe(百达翡丽)和 Vacheron Constantin(江诗丹顿)。

3.8.2 钟表类奢侈品品牌

在计时钟表演变的过程中,原本单调冰冷的计时工具,在各国能工巧匠的手中,变成了机械工艺与美学艺术的完美结合。根据钟表制作工艺繁复程度、材质的珍贵级别、制作数量的多少、售价的高低,钟表品牌又被依次评定为不同的等级。

世界钟表品牌等级及划分

等级	内容
特级	百达翡丽、江诗丹顿、宝玑、爱彼、芝柏、豪爵、宝珀、格拉苏蒂、朗格
	制表工艺极其复杂、打磨工艺精湛考究、品牌含金量极高、极具收藏价值、产量有限
一等一类	积家、劳力士、万国、伯爵、萧邦、卡地亚
	制表工艺复杂、全手工自制机芯、品牌含金量高
一等二类	真力时、玉宝、昆仑、尊达、沛纳海、欧米茄
	独特机械构造、品质卓越、品牌定位高、产品中复杂功能表占一定比例
二等一类	百年灵、帝驼、豪雅、柏高、名仕、艾美
	使用瑞士 ETA 中高端机芯、具有相当制表和打磨工艺、品牌定位中高端
二等二类	雷达、摩凡陀、尚美、浪琴
	使用瑞士 ETA 中低端机芯、手表具有一定的打磨工艺、工具性特性强、品牌定位中端
三等	豪利时、天梭、汉米尔顿、美度、精工
	使用瑞士 ETA 平价机芯、品牌承担质量保证

2015 年,瑞士国际钟表协会公布了顶级腕表排名,前十名如下表所示。

2015 年瑞士国际钟表协会十大顶级腕表排名

序号	品牌名	中文名	所属国家	创始年代
1	Patek Philippe	百达翡丽	瑞士	1839
2	Breguet	宝玑	瑞士	1775
3	Blancpain	宝珀	瑞士	1735
4	Vacheron Constantin	江诗丹顿	瑞士	1755
5	Audemars Piguet	爱彼	瑞士	1875
6	Girard-Perregaux	芝柏	瑞士	1791

续表

序号	品牌名	中文名	所属国家	创始年代
7	Jaeger-LeCoultre	积家	瑞士	1833
8	Rolex	劳力士	瑞士	1905
9	Roger Dubuis	罗杰杜彼	瑞士	1995
10	Parmigiani	帕玛强尼	瑞士	1996

	Breguet		宝玑	1775	瑞士
	创始人		Abraham Louis Breguet 阿伯拉罕·路易·宝玑		
	隶属公司		Swatch 斯沃琪集团		
Tradition 传世系列	传世系列向宝玑的辉煌历史致以崇高敬意。传世系列灵感源自阿伯拉罕·路易·宝玑的Souscription表,传世系列回顾品牌传统,同时亦远瞻未来。巧妙融合经典与前卫风格,表盘带有极复杂的功能显示,但布局整齐,别具美感。承传两个多世纪前的无瑕工艺,即使最细小的部件亦带有手工磨砂修饰。展现着时间难以渗透的复杂性,Tradition系列灵巧地记录了品牌深处的精神所在				
Classique Complications 经典复杂系列	经典复杂系列体现宝玑拥有数百年悠久历史,以及无与伦比的制表与机械精湛工艺。时至今日,制表师依然面临重大挑战,在此领域不断探索。制作一块高级复杂腕表让制表大师面临技术难题,挑战其技艺与创意。一代又一代的宝玑制表师展开全方位思维与工作,将其工艺不断推向新高度,由此推出多款三问表、万年历表以及陀飞轮设计				
Reine de Naples 那不勒斯王后系列	宝玑时计令历史上诸多显赫女士着迷,如法国皇后玛丽·安托瓦内特、孔多赛侯爵及约瑟芬皇后。在宝玑的热切崇拜者中还包括卡洛琳·缪拉,她曾于两百年前(1812年)收到一枚前所未有的时计:由宝玑创作的史上首款专门设计佩戴于手腕上的腕表,呈现为绝无仅有的椭圆形设计。从宝玑品牌档案对它的细节描述中我们能够一窥该腕表的灵巧与精致:"这款问表为椭圆形款式,搭配纯金装饰的丝状表带"。那不勒斯王后系列的设计灵感正是源于这一传奇杰作。该系列作品具有强烈的现代感,优雅而饱含诗意				
品牌故事	从18世纪开始,宝玑品牌就一直致力于为皇室成员以及各个领域的杰出人物提供作品和服务。如今在国际钟表业界宝玑有"表王"的称号,同时也有"现代制表之父"的美誉。因为宝玑发明了钟表业超过70%的技术,其中最具代表性的三大复杂功能的发明有陀飞轮、万年历和三问音簧。在这个世界上任何一个品牌的机械腕表,无论是手动上弦还是自动上弦,至少有两项技术、发明、专利、装置来自宝玑。 阿伯拉罕·路易·宝玑设计及制造的钟表,产品多元化,无论腕表、航海天文钟及钟,设计匠心独具,令他在表坛上被誉为最杰出的人物。 1783年,阿伯拉罕·路易·宝玑收到一份惊人的神秘订单:为法王路易十六的玛丽·安托瓦内特皇后制作一款集当时最精密制表技艺与发明于一身的怀表,各部件尽量以黄金替代其他金属,对制作时间及价钱无任何限制。这款编号为No.160的怀表,是世界上最早的自动表,它可以自动上链,具备了万年历、天文时差、三问报时、60小时动力存储显示、双发条盒等功能,其水晶表面、表背和黄金打造的表壳都镶嵌上钻石,算得上制表大师生平创作之精华。从1783年开始制作,耗时44年方才完成,制成时,玛丽皇后已逝世34年,宝玑先生亦去世4年,但这只怀表的问世却堪称当时世界名表行业空前绝后的佳作				

Part 1 集百家之言鉴"奢侈"

	Vacheron Constantin	江诗丹顿	1755	瑞士
VACHERON CONSTANTIN	创始人	JeanMarc Vacheron 让·马可·瓦什隆		
	隶属公司	Richemont 瑞士历峰集团		

Malte 马耳他系列	该系列是江诗丹顿的代表系列之一,顾名思义,令人联想起品牌的马耳他十字徽号。该系列不仅拥有出色的现代设计,同时还融合了江诗丹顿匠心独运的制表内涵。马耳他系列因其酒桶形外壳而著称,并应用了各种广载盛誉的复杂功能和技术,包括多款调速器、陀飞轮、双地时区、月相、动力储存、计时码表和镂空机芯等
Patrimony 传承系列	该系列是简约风格的典范,它体现了江诗丹顿独具匠心的极简主义理念,在结构严谨的直线与弧线之间实现完美平衡,纤细的表壳灵感源自江诗丹顿于1955年创作的超薄表款,彰显美学的精髓与典雅的气质
1972系列	该系列庆祝品牌拥有40多年历史的不对称设计腕表,并向令人梦寐以求的"Diplome du Prestige de la France"奖项致敬。江诗丹顿因其独特制表工艺而获此殊荣。借助各种尺寸和形状,这些腕表或彰显柔美珠宝魅力,或散发阳刚风范。在追求极致优雅的同时又完美融合了匠心独具的大胆设计,这系列腕表堪称前卫美学的典范
Métiers d'Art 艺术大师系列	完美体现品牌在钟表装饰艺术领域中,娴熟掌握的技艺精髓。从珐琅彩绘、珠宝镶嵌、机芯镂空到手工雕花零件,处处流露出品牌旗下艺匠们巧夺天工的精湛手艺。如Les Masques 面具系列、Lady Kalla、Kalla Duchesse 等,经过巧手装饰的精品时计,绝对有资格与殿堂级的艺术杰作相提并论
品牌故事	江诗丹顿是世界三大顶级制表品牌之一,也是世界最古老的钟表制造厂之一。它传承了瑞士的传统制表精华,并且从未间断,同时也发明了诸多制表技术,为全球制表业的发展奠定了重要的基础。 1755年,才华洋溢的年轻钟表匠 JeanMarc Vacheron 在日内瓦市中心创立自己的首间钟表工作室。他对人类文化充满好奇与热诚,经常抱持开放态度,并不断钻研制表工艺,因而成为一位非常成功的日内瓦独立钟表匠——"阁楼工匠"(Cabinotier),他所制的时计也令其蜚声国际。 1819年,经验丰富的商人 François Constantin 与 Jean-Marc Vacheron 的后人合作,成立了如今声名显赫的 Vacheron Constantin(江诗丹顿)。 1880年,江诗丹顿正式选择"马耳他十字(Maltese Cross)"作为公司商标。马耳他十字标志在历史上曾是医院骑士团以及马耳他骑士团所使用的符号,形状由四个"V"字组成。而江诗丹顿选择它,是因为在手工制表时代用来调整发条松紧的精密齿轮的形状和马耳他十字的形状相似,所以它也成为优越技艺和手工制表传统的象征

	Audemars Piguet		爱彼	1875	瑞士
AUDEMARS PIGUET Le Brassus	创始人		Jules-Louis Audemars Edward-Auguste Piguet		
	隶属公司		Audemars Piguet 家族		
Royal Oak 皇家橡树系列	爱彼于 1972 年推出令人惊艳的皇家橡树系列，这款腕表怀着澎湃力量和坚定信心，彻底颠覆制表美学元素，成为史上首枚采用精钢材质的高级腕表。腕表造型令人联想起皇家海军"Royal Oak 皇家橡树号"船舰的舷窗。1651 年，英王查理二世为了躲避敌军攻击而躲在橡树下，此船之名即是为了纪念这棵捍卫英国君主的著名橡树。橡树象征力量，八角形则象征再生。腕表表壳具前卫创新风格，表圈以八个六角形螺丝固定，防水垫圈则别出心裁地采用一览无遗的设计，以手工组装的表带完全嵌入表壳，和手腕贴合					
Millenary 千禧系列	在迎来第三个千禧年之际，爱彼又一次宣告对制表工艺的期许，推出风格大胆、经典隽永的腕表系列，重申品牌在工艺美学上始终独树一帜的坚持。 千禧系列的表壳造型灵感来自古罗马时期的建筑巨作：椭圆形的罗马竞技场。椭圆形表壳提供一方 3D 立体空间，揭示组件上下交叠的层次感和无与伦比的纵深效果					
Classique 经典系列	有一种很重要的传统，就是从爱彼最早的表款中汲取灵感，设计全新时计，以进一步发扬绵延其固有的创造精神。特别是汝山谷传统的标志性怀表。在经典系列中，过去的精神一直体现在现代的创造当中，以塑造表厂更美好、更令人向往的未来愿景					
品牌故事	1875 年，两位钟表工匠——22 岁的 Jules-Louis Audemars 和 24 岁的 Edward-Auguste Piguet 在瑞士汝山谷的布拉苏丝（Le Brassus）村庄共同创立了爱彼（Audemars Piguet）品牌，并潜心制作复杂功能机芯。爱彼传承并发扬着瑞士传统制表精粹，始终秉承"驾驭常规，铸就创新"的品牌理念。每一款爱彼作品都将品牌百年的精湛技艺浓缩于其中，正是工匠大师们的不懈投入，方才呈现出品牌超凡卓越的心血结晶。 1889 年，第十届巴黎环球钟表展览上，爱彼的参展作品 Grande Complication（大复杂功能怀表），搭载三问、双针定时器及恒久日历功能，以精密的设计，引起钟表界的极大回响。这次的成功，令爱彼声名大噪，迅速在表坛建立领导地位。 1917 年，Jules-Louis Audemars 退休并由其儿子 Paul-Louis Audemars 继任董事会主席及技术经理。1919 年，Paul-Edward Piguet 亦继承父业，掌管了公司的商业部门；1962 年，他的两位女儿亦开始在公司工作。之后 Jacques-Louis Audemars 成为董事会主席直至 1992 年。 已有 140 多年历史的爱彼，在创始人 Audemars 和 Piguet 的家族第四代的领导下，取得了骄人的成就。精湛的制表技术和华贵典雅的设计，令爱彼深受钟表收藏家推崇，并成为世界三大顶级制表品牌之一					

3.9 化妆品类奢侈品行业

3.9.1 行业概述

爱美之心，人皆有之。化妆品，这个如今被称为"美丽经济"的行业，也跟随着人们对于"美丽"追求的变化、调制工艺的改进、原材料认知与创新的进步，经历一个缓慢而日趋成熟的发展历程。如果我们按照化妆品制作工艺和技术的水平来划分人类创造和利用化妆品的悠久历史，目前一个比较普遍的观点是可以从5个阶段去回顾它。

第一个阶段是原始化妆品时期，亦为人类的非文明时期。这个时期的化妆品以未经过任何处理的天然动植物油脂对皮肤作单纯的物理防护，即直接使用动植物或矿物来源的不经过化学处理的各类油脂。相传距今4000多年前的古埃及人，便开始利用动物身上的油脂和植物花朵的压榨物用于给宗教仪式和皇朝贵族的个人进行护肤或美容措施。

第二个阶段是古代化妆品时期。这个时期人们开始对动植物原材料采取初步、简易的提炼和收集，并把经过处理后收集起来的精华液用于护肤产品使用。典型代表出现在7~12世纪的阿拉伯国家，人们发明了用蒸馏法加工植物花朵，大大提高了香精油的产量和质量。与此同时，我国化妆品也有了长足发展，喜好用胭脂抹腮等。在《汉书》《齐民要术》中就有关于点唇、画眉和丁香芬芳的香粉的记载。我国宋朝韩彦直所著《枯隶》是世界上有关芳香方面较早的专门著作。

第三个阶段是合成化妆品时期。这个时期化妆品的提炼和制作以油和水的乳化为技术基础。特别是18、19世纪欧洲工业革命后，化学、物理学、生物学和医药学得到了空前的发展，许多新的原料、设备和技术被应用于化妆品生产，更由于以后的表面化学、胶体化学、结晶化学、流变学和乳化理论等原理的发展，引进了电介质表面活性剂以及采用了HLB值的方法，解决了正确选择乳化剂的关键问题。迅猛发展的化工行业长足地促进着化妆品的快速发展，就连美国著名的FDA（食品药品管理委员会，Food Drug Administration）也一度考虑更名为FDCA（食品药品化妆品管理委员会，Food Drug Cosmetics Administration）。

但人们对于美的欲望和追求似乎到了不加控制的边界，人们忽略或者说并没有正确地形成化学成分有害于皮肤的概念。"二战"以后，随着石油化学工业的迅速发展并迎合人们对美的追求和渴望，以矿物油为主要成分，加以香料、色素等化学添加物的合成化妆品诞生了。但为迎合人们追求快速见效的心理，激素、铅、汞等有害成分越来越多，导致越来越多的化妆品伤害肌肤的事件的发生。含有这些成分化妆品的特点是即时效果明显，但一停用就反弹，持续使用甚至会毁容。

第四个阶段是天然与合成化妆品的融合时期。这个时期的化妆品是添加了各种动植物萃取精华的混合制品。另外，这一时期也是化妆品行业发展越来越理智和成熟的时期。进入20世纪末期，化妆品中的化学成分给身体带来的副作用引起了人们的关注，随即掀起了回归自然的热潮，提倡用天然油代替矿物油，并从皂角、果酸、木瓜等天然植物或从动物皮肉和内脏中提取深海鱼油等精华素加入化妆品中。同时制造出了适用于化妆品的表皮生长因子、超氧化物歧化酶（SOD）、胶原蛋白、金属硫蛋白、核酸等一系列生物制品，并促进了化妆品的跨越式发展。

第五个阶段是细胞护理化妆品时期。这个时期的化妆品开始采用生物技术制造与人体自身结构相仿并具有高亲和力的生物精华物质复配到化妆品中，以补充、修复和调整细胞因子来达到抗衰老、修复受损皮肤等功效。进入21世纪，人们越来越深刻地认识到，任何一项科技发展的历程都同人类认识事物的过程密切相关。随着对皮肤生理结构的了解，科学家们认识到一切皮肤问题的根源，都是来自组成皮肤的基本单位，即细胞。

于是，科学家开始在化妆品的主要成分中加入了抗氧化剂，以帮助清除自由基的固体负氢离子。

应该说，如今化妆品的开发和使用已经进入一个更加科学、更为理性、更为健康而有效的崭新阶段。而那些受益于欧洲工业革命，之后又成长、发展、壮大于欧洲的化妆品牌，如今也大多不是以独立企业的形式存在，而是在近20年全球商业化的浪潮中经过收购、并购等商业运作，逐渐整合到了以下几个世界级的化妆品集团：欧莱雅集团、宝洁公司、雅诗兰黛集团、资生堂集团和LVHM集团等。

创立于1907年的法国欧莱雅集团，如今是世界最大的化妆品生产商，经营范围遍及130多个国家和地区，在全球拥有283家分公司、42家工厂、100多个代理商，以及5万多名的员工。其旗下化妆品品牌根据市场定位不同，作出了如下分类。

L'Oréal（欧莱雅）集团主要化妆品品牌

高档化妆品	Helena Rubinstein（郝莲娜）、Lancôme（兰蔻）、Giorgio Armani（乔治阿玛尼）、Yves Saint Laurent（伊夫圣罗兰）、Biotherm（碧欧泉）、Shu Uemura（植村秀）、Yue Sai（羽西）
大众化妆品	L'Oréal（欧莱雅）、Maybelline（美宝莲）、MiniNurse（小护士）
专业美发	Kérastase（巴黎卡诗）、Matrix（美齐丝）
活性健康化妆品	Vichy（薇姿）、Skin Ceuticals（修丽可）、La Roche-Posay（理肤泉）

资料来源：http://www.lorealchina.com/品牌/大众化妆品部#ancre0。

创立于1837年的宝洁公司，是全世界最大的日用消费品公司，其经营的产品包括洗发、护发、护肤用品、化妆品、婴儿护理产品、妇女卫生用品、医药、食品、饮料、织物、家居护理、个人清洁用品及电池等。

P&G（宝洁）公司主要化妆品品牌

高档化妆品	SK-II、Anna Sui（安娜苏）
大众化妆品	Olay（玉兰油）、Illume（伊奈美）、Cover Girl（封面女郎）
香水	Hugo Boss（雨果博斯）、Dunhill（登喜路）、Lanvin（朗万）、Paul Smith（保罗·史密斯）、Locaste（鳄鱼）

创立于 1946 年的雅诗兰黛集团，在世界化妆品行业也处于绝对领先地位，生产和营销高品质的护肤、化妆、香水和护发产品，产品销售遍及全世界 130 多个国家和地区。

Estée Lauder（雅诗兰黛）集团主要化妆品品牌

护肤品牌	La Mer（海蓝之谜）、Estée Lauder（雅诗兰黛）、Clinique（倩碧）
彩妆品牌	M.A.C（魅可）、Tom Ford（汤姆福特）
香水	DKNY（唐可娜儿）、Jo Malone（祖·玛珑）

创立于 1872 年的日本资生堂集团，是目前唯一跻身世界顶级化妆品巨头阵列的亚洲公司，旗下经营有全系列的护肤、彩妆、身体护理以及男士护肤方案的化妆品产品。资生堂，取名源于中国《易经》中的"至哉坤元，万物资生"，其含义为孕育新生命，创造新价值。这一名称也正是资生堂公司形象的反映，是将东方的美学及意识与西方的技术及商业实践相结合，将先进技术与传统理念相结合，用西方文化诠释含蓄的东方文化。

Shiseido（资生堂）集团主要化妆品品牌

护肤品牌	Uno（吾诺）、Ettusais（艾杜莎）、Decléor（思妍丽）、Clé de Peau（肌肤之钥）
彩妆品牌	Maquillage（心机彩妆）
香水	Jean Paul Gaultier（让·保罗·高提耶）、Issey Miyake（三宅一生）

作为世界第一大奢侈品集团的 LVHM 旗下则经营了诸多时尚品牌的化妆品和香水系列。

LVHM（路易酩轩）集团主要化妆品品牌

护肤品牌	Guerlain（娇兰）、Christian Dior（迪奥）、Givenchy（纪梵希）
彩妆品牌	Makeup Forever（浮生若梦）、Sephora（丝芙兰）
香水	Acqua di Parma（帕尔玛之水）、Fendi（芬迪）、KENZO（高田圣三）、D&G（杜嘉班纳）、Loewe（罗威）、CK

3.9.2 化妆品类奢侈品品牌

前文提到了欧美和亚洲诸多护肤品品牌,那么消费者如何才能在琳琅满目的产品中挑选出最适合自己的那一款呢?除了价格、品牌等因素,恐怕从自己的肌肤特性、实际需求出发是一个更为理性的考虑。我们的肌肤大概可以分为敏感型、非敏感型;油性、干性和中性。在选择护肤品时,应选择适合自己肤质的,也应当注意避免使用原料成分中含有对皮肤有刺激作用元素的产品。

比如对于敏感型肌肤,应当避免产品中含有防腐剂、大比例酒精等原料,这时候,使用有机护肤品或许是一个更好的选择。美国农业部(United States Department Of Agriculture,USDA)给有机护肤品作出了严格的定义标准:天然有机护肤产品除了所含的植物成分必须要由获得有机认证的有机植物提取物所组成外,产品中不能添加人工香料、色素及石油化学产品等对皮肤不利的成分,其中所添加的防腐剂及表面活性剂都须受到严格限制,而且制造过程中不能使用动物实验及利用放射线杀菌。

当然,护肤品品牌的等级划分并不是依赖产品的有机性与否来决定的,而是靠品牌的市场定位、历史内涵、产品功效等。

2012 年世界奢侈品协会(WLA)全球十大高端化妆品品牌

序号	品牌名	中文名	所属国家	创始年代
1	Chanel	香奈儿	法国	1913
2	Dior	迪奥	法国	1946
3	Guerlain	娇兰	法国	1828
4	Givenchy	纪梵希	法国	1952
5	Helena Rubinstein	赫莲娜	澳大利亚	1902
6	Sisley	希思黎	法国	1976
7	La Prairie	莱珀妮	瑞士	1982
8	La Mer	海蓝之谜	美国	1946
9	Lancôme	兰蔻	法国	1935
10	Biotherm	碧欧泉	法国	1952

	Guerlain	娇兰	1828	法国
	创始人	Pierre Francois Pascal Guerlain 皮埃尔·弗兰科斯·帕斯卡尔·娇兰		
	隶属公司	LVHM 路易酩轩集团		

Orchidée Impériale 御庭兰花奢华护肤系列	该系列致力于破解稀有兰花长青的奥秘，在法国娇兰研究的 3 万种兰花中，甄选出最具有生命力的四种兰花，而萃取一克御廷兰花活力精粹就需要一千克的兰花根。 御庭兰花系列所采用的研究科技是基于一项细胞生物能学上的重大发现而得来，能增进和巩固生物能网络，成为肌肤再生、激活细胞生命力的关键。细致、瞬间即融的乳霜轻柔包覆面部，形成丝滑舒适的薄膜，让肌肤重新恢复紧实，使面部轮廓更趋均匀，肌肤如同完美修复再生，焕发活力和光彩
Météorites 幻彩流星彩妆系列	该系列诞生于 1987 年，这些奇幻的彩色珠子在改善肤色方面拥有奇妙功效，每一种色彩都有专门的作用：粉红令肤色健康，绿色修正泛红瑕疵，紫色展现天然亮泽，白色令肤色白皙，珠光增添明亮和闪光。 幻彩流星适合作为彩妆的最后润色，它赋予肌肤独特的光辉，将肌肤笼罩在神秘而柔和的光环中，以优美高雅的方式表达了真正属于娇兰的奢华
Shalimar 一千零一夜香水系列	诞生于 1925 年的一千零一夜是历史上第一款带有东方神秘色彩的香氛。相传 400 年前，印度的沙贾汉皇帝无法自拔地爱上了姬曼·芭奴公主。他为她修建了迷人的一千零一夜花园，也为她修建了流传后世的传奇——世界七大奇迹之一的泰姬陵。这个美丽的故事给了娇兰先生无限的灵感，在香水的制造过程中，曾经一度命名为泰姬陵，但最终还是命名为 Shalimar，以纪念永恒而伟大的爱情
品牌故事	1828 年，既是医生又是药剂师的娇兰先生在法国巴黎开设了第一家香水店。1830 年，娇兰先生又尝试把香水个人化，例如：某一种香味是专门给某位女士，或是特别为某个场合而制造。依循着这个概念，娇兰先生也创造了一系列的美容处方，并在日常护肤品及化妆品上崭露头角。1939 年，娇兰先生在巴黎的香榭丽舍大道 68 号，开设了第一家美容护肤中心，且自创独特的法式按摩方法，在当时成为法国时尚圈的交流地，这位以香水发迹的年轻香水家后来还被聘为王室贵族的专属调香师。 1864 年，娇兰先生去世后，由他的两个儿子加布里埃尔和艾米肩负使命，继承了公司。艾米拥有奇特的创作天赋，他创造的"掌上明珠"Jicky 香水，是世界上第一瓶利用人工合成法制作而成的现代香水，也是它奠定了现代香水具有前中后三段味道的基本模式。"法国娇兰"巧妙地结合了天然香料与人工香料而衍生出香水的多样风貌并把香水平民化

Part 1
集百家之言鉴"奢侈"

	Gabrielle Chanel	加布里埃·香奈儿	1913	法国
CHANEL (标志)	创始人	GabrielleCoco Chanel 加布里埃·可可·香奈儿		
	隶属公司	Chanel 香奈儿公司		

Sublimage 奢华精粹活肤系列	对香奈儿来说,每件护肤产品的诞生,都是一次漫长而精准的研发之旅。奢华精粹活肤系列的核心成分——五月香草荚果 PFA 萃取自马达加斯加岛的五月香草荚果新鲜果实,经过多重精密分馏科技的特殊提炼至精至纯,具有超强再生活化功能,可唤醒肌肤所有的生命机能
Les Beiges 米色时尚彩妆系列	米色,是香奈儿化妆品品牌的经典颜色。米色时尚彩妆系列根据春、夏、秋、冬四季皮肤护养需求,打造独特配方,打破美容步骤的束缚,让肌肤保养变得轻松而自然。即使四季变化、潮流更迭,多种色调与质地的产品选择都能实现一个目标:令肌肤焕发自然健康光彩
N°5 香水系列	1921 年,香奈儿女士作出了一个大胆的决定:邀请俄罗斯宫廷调香师恩尼斯·鲍为她创造一瓶"一种截然不同于以往的香水,一种女人的香水;一种气味香浓、令人难忘的香水"。鲍研制了多款香水样品,让香奈儿女士挑选最合她心意的一款,最终她挑了第 5 款,并简洁地把她的幸运数字 N°5 定为此款香水的名字。 这款历史上第一瓶抽象香调的香水,成就了至今无人超越的传奇,而 5 号香水的影响力早已超出了香水的范畴,化身为现代精神的象征,它以独特的魅力,让全世界的女性深深着迷
品牌故事	香奈儿生于 1883 年,是一对法国贫穷的未婚夫妇的第二个孩子。她的父亲是来自塞文山的杂货小贩,母亲是奥弗涅山区的牧农女。据说,香奈儿出生在法国索米尔;另一说法是生于法国南部山区奥弗涅。实际上,关于她身世的传说,历来众说纷纭,加之香奈儿至死竭力回避和掩饰,就更使她的出身蒙上一层迷雾。香奈儿的童年是不幸的。她 12 岁时母亲离世,父亲更丢下她和 4 个兄弟姐妹。自此,她由她的姨妈抚养成人,儿时入读修女院学校,并在那儿学得一手好针线技巧。 香奈儿一生都没有结婚,她创造伟大的时尚帝国,同时追求自己想要的生活,其本身就是女性自主最佳典范,也是最懂得情感乐趣的新时代女性。 香奈儿逝世后,1983 年起由设计天才卡尔·拉格菲尔德接班。自 1983 年起,他一直担任 Chanel 的总设计师,将 Chanel 的时装推向另一个高峰。卡尔有着自由、任意和轻松的设计心态,他总是不可思议地把两种对立的艺术感觉统一在设计中,既奔放又端庄,既有法国人的浪漫、诙谐,又有德国式的严谨、精致。他没有不变的造型线和偏爱的色彩,但从他的设计中自始至终都能领会到 Chanel 的纯正风范

		Lancôme	兰蔻	1935	法国
LANCÔME PARIS		创始人	Armand Petitjean 阿曼达·珀蒂让		
		隶属公司	L'Oréal 欧莱雅集团		
Génifique "小黑瓶" 护肤系列	该系列是全球首款以"基因保养"为主的精华肌底护肤产品，全龄适用百搭的精华，深入修护肌底，更能加倍后续保养，使用 7 天柔软弹润摸得到，细腻透亮看得见，缔造难以置信的年轻肌肤				
Butterfly 蝴蝶飞彩妆系列	在白昼是勇于追求梦想、致力于自然生活的淑女，在夜幕低垂后又善于舞过最当红的俱乐部。她充满自信与魅力的精神，如同在初春破茧而出的紫彩蝴蝶，正要振翅高飞。为了更加忠于 20 世纪 70 年代所崇尚的"权力归花"精神，这一彩妆限量系列，推出了一组兼具彩度与质地的天然矿物彩妆。精致的质地、鲜艳夺目的色系、闪耀动人的光彩，如同春光乍现般引人注目，华丽与自然终于能从此幸福快乐地相处在一起				
Lancôme Hypnose 梦魅香水系列	一个浑身充满魅力的女人，她了解自己的魅力何在，并且总能慧黠地运用魅力，吸引大众目光。有时她也会淘气地使点无害的小心机，让心上人为之倾倒。这就是魅惑的女人，既时尚性感，偶尔她的慧黠又让你觉得难以捉摸。魅惑女香最吸引人的莫过于紫色透明的精致瓶身设计，既是精致唯美的雕刻，也是一种建筑学的挑战。运用宝石切割出优雅的曲线，扭转的造型，优雅地融合了光线折射，从每个角度看都闪着奢华精巧的光芒，让人忍不住想要收藏				
品牌故事	Lancôme 这一名称构想来自法国中部的一座城堡 Lancosme。为发音之便，用一个典型的法国式长音符号代替了城堡名中的"S"字母。又由于"兰蔻城堡"的周围种植了许多玫瑰，充满了浪漫意境，阿曼达认为每个女人就像玫瑰，各有其特色与姿态，于是就以城堡命名品牌，玫瑰则成为 Lancôme 的品牌标志。兰蔻最初的商标中有代表其三个产品系列的标志物：玫瑰——代表香水系列；莲花——代表护肤系列；天使——代表彩妆系列。 在兰蔻的理念里，美不仅指漂亮的外表。它是由肌肤散发出的光彩，它是一种被唤醒的意识，它更是身、心与灵魂和谐融为一体的表现。 作为遍布全球 163 个国家的品牌，兰蔻深入调查了世界各国女性的皮肤需求，分析她们的护肤习惯。通过这些方法，兰蔻不断追求卓越，提高服务质量，并不断开发更有效的产品。兰蔻的每一款产品配方都在不同环境、肤质、需求的女性身上经过测试，确保能够达到最好的效果。 也正因如此，兰蔻所代表的欧化的美是最易被中国女性接受的，因为她时尚，但又不失亲和力；她活泼，又有足够的内涵				

3.10 酒类奢侈品行业

3.10.1 行业概述

提到酒,中国的酿酒历史也可谓悠久而绵长,在古代诗文中就常可见到诗人以酒作赋的名诗雅句。曹操《短歌行》中"何以解忧,唯有杜康",李白《月下独酌》中"举杯邀明月,对影成三人",苏轼《水调歌头》中"明月几时有?把酒问青天"都可以看出,酒作为一种情绪的载体,寄怀了饮者的心情与感受,在历代诗人吟诵和传唱的历史长河中,逐渐沉淀为一种中国独有的文化。

但这些还是有文字记载的酒文化的历史。据考古学的证据表明,远在石器时代就有了盛酒的容器,这说明酒的产生远远早于文字的出现。在我国酒酿文化的历史中,我国的传统用酒是黄酒、米酒和白酒。其中,黄酒是世界上最古老的酒类之一,且唯中国独有,与啤酒、葡萄酒并称世界三大古酒。葡萄酒对于中国来说是外来品种,早在西汉建元三年(公元前138年),张骞奉汉武帝之命出使西域时,看到"宛左右以葡萄为酒,富人藏酒万余石,久者数十岁不败",于是将欧亚种的葡萄果实引进了中原,并随同招来了酿酒艺人。而啤酒这一外来酒种,则要晚至20世纪初,才传入中国,因其英文Beer的谐音译为"啤酒"。

当然,除了黄酒、葡萄酒和啤酒,我们所熟知的还有白酒、白兰地、威士忌等。如果按照酿制工艺来划分,这些酒可以分为发酵酒、蒸馏酒和配制酒。

根据酿制工艺划分的酒的种类

发酵酒	又称酿造酒或压榨酒，是用粮食或含有糖分的其他原料，经破碎、润料、蒸熟，加进酒曲、酵母或酒药，倒入池中或缸内发酵，经过滤、提取原汁原液，再经杀菌、装瓶等工序酿制成的酒，酒精含量较低，一般在2~20度
	常见的发酵酒有黄酒、啤酒、葡萄酒及其他果酒等
蒸馏酒	用粮食或含有糖分的其他原料，经粉碎、加入水润料、蒸煮糊化、摊凉、加进酒曲或酵母，拌匀倒入发酵池、地窖或缸内，糖化发酵4~40天不等，出醅，拌入副料、蒸馏、接酒、入库储存，经15天至3年不等，再经调兑、过滤、装瓶等工序酿成的酒，酒精含量比较高，一般在38~65度
	常见的蒸馏酒有白酒、伏特加、白兰地、威士忌、朗姆酒、金酒（杜松子酒）龙舌兰酒、烧酒等
配制酒	又称再制酒，是用酿造的基酒，辅以一定比例的芒香果类物质、动植物药材、天然色素、糖等食品添加剂，经调配、勾兑、陈贮、过滤或复蒸等工序酿造而成的酒，用这种工艺配制的酒一般度数较低，其酒度在20度以下，但若以蒸馏酒为基酒勾兑而成的酒则其度数最高可达50度
	常见的配制酒有鸡尾酒、药酒、保健酒、汽酒、果露酒等

世界知名酒类品牌的发展，也同腕表、化妆品类奢侈品牌的发展一样，极少以独立的公司品牌存在，而是在商业化的发展过程中，被收购、整合到世界三大烈酒及葡萄酒集团的旗下：英国的Diageo（帝亚吉欧）集团、法国的Pernod Ricard（保乐力加）集团和LVMH（路易酩轩）集团。

英国帝亚吉欧集团是世界最大的高档酒业集团，旗下的酒类业务囊括了威士忌、伏特加、葡萄酒、啤酒等。帝亚吉欧的业务遍及180多个国家和地区，并同时在伦敦证券交易所和纽约证券交易所上市。

Diageo（帝亚吉欧）集团主要酒类品牌

威士忌系列	Johnnie Walker（尊尼获加）、J & B（珍宝）、Windsor（温莎）、HaigClub（翰格·蓝爵）
伏特加系列	Smirnoff（斯米诺）、Cîroc（诗珞珂）、Ketel One（坎特一号）
力娇酒系列	Baileys（百利甜酒）
朗姆酒系列	Captain Morgan（摩根船长）、Zacapa（萨凯帕）
金酒系列	Tanqueray（添加利）、Gordon's（哥顿）
啤酒系列	Guinness（健力士）
龙舌兰系列	Don Julio（唐胡里奥）
白酒系列	（中国）水井坊

Part 1 集百家之言鉴"奢侈"

法国保乐力加集团由法国两家最大的酒类公司保乐公司（成立于1805年）和力加公司（成立于1932年）于1975年合并而成，目前是世界第二大烈酒及葡萄酒集团。保乐力加集团的一大特色是实行多品牌运作，集团不会在各种品牌的酒瓶上都打上"保乐力加"的标志，而是突出各自品牌的特色和文化底蕴，让品牌建立在卓越的产品品质之上。以保乐力加集团下属的 Martell（马爹利）品牌为例，马爹利作为产自法国干邑的高档白兰地，其生产过程的严格要求可以用"苛刻"形容。按照法国法律，受原产地保护的干邑白兰地必须是来自6个干邑产区的葡萄，必须是白葡萄，必须经过两次蒸馏，必须在橡木桶中成年。而马爹利则要求达到更高的标准，即只选择其中4个土质较好的产区，蒸馏过程中头酒和次酒等都要再次蒸馏，橡木桶选择的是较为清淡的酒桶，同时在调配过程中更多地选择一些花香较浓的酒。这一系列的严格标准，都使得马爹利这一品牌蕴含的"醇厚、清淡、优雅"的品质深受国际市场认同。

Pernod Ricard（保乐力加）集团主要酒类品牌

威士忌系列	Royal Salute21 Year Old（皇家礼炮21年）、Chivas Regal 12 Year Old（芝华士12年）、The Glenlivet（格兰威特）、Ballantine's Finest（百龄坛特醇）、Jameson（尊美醇）、WildTurkey（威特基）
白兰地系列	L'or de Martell（马爹利金皇）、Martell Extra（马爹利银尊）、XO Martell XO（马爹利）、Martell Cordon Bleu（马爹利蓝带）、Martell Noblige（马爹利名士）、Martell VSOP（马爹利金牌）
伏特加系列	Wyborowa（维波罗瓦）、Absolut Vodka（绝对伏特加）
茴香酒系列	Ricard（力加）、Pernod（潘诺）
朗姆酒系列	Havana Club（哈瓦纳俱乐部）、Malibu（马利宝）
金酒系列	Beefeater（必富达）、Seagram's Gin（施格兰金酒）
力娇酒系列	Dita（蒂她）、Kahlúa（甘露）
龙舌兰系列	Olmeca（奥美加）
香槟系列	Mumm（玛姆）、Perrier Jouet（巴黎之花香槟）
葡萄酒系列	Dubonnet（杜本内）、Jacob's Creek（杰卡斯）、Wyndham Estate（云咸）

法国LVHM（路易酩轩）集团旗下的名酒品牌主要来自1978年集团合并前的Moët Hennessy（酩悦轩尼诗）酒业集团，而酩悦轩尼诗集团则

是由 Moët& Chandon（酩悦尚东）和 Hennessy（轩尼诗）两大酒厂于 1971 年合并而来的。烈酒及葡萄酒类奢侈品也是 LVHM 集团诸多奢侈品业务板块中极为重要的一环。

LVHM（路易酩轩）集团主要酒类品牌

香槟系列	Moët& Chandon（酩悦香槟）、Dom Pérignon（香槟王）、Veuve Clicquot（凯歌香槟）、Krug（库克香槟）、Dom Pierre Pérignon（唐培里侬）、Mercier（梅西耶）、Ruinart（修纳尔）
葡萄酒系列	Chateau d'Yquem（伊更堡）、Cloudy Bay（云湾）、Cape Mentelle（曼达岬）、Newton（纽顿）、Terrazas de Los Andes（安地斯之阶）
威士忌系列	Glenmorangie（格兰摩兰吉）
干邑系列	Hennessy（轩尼诗）
白酒系列	（中国）Wen Jun（文君酒）

3.10.2 酒类奢侈品品牌

虽然中国拥有悠久的制酒文化和历史，但如今世界酒类奢侈品品牌中，却鲜见中国酒类品牌的身影。或许是欧美国家的饮酒历史和文化更多的是关于香槟、葡萄酒和威士忌的吧，世界奢侈品协会评选出的世界十大奢侈名酒都是这几种酒型。

2012 年世界奢侈品协会（WLA）全球十大烈酒与葡萄酒品牌

序号	品牌名	中文名	所属国家	创始年代
1	L'or De Jean Martell	至尊马爹利	法国	1715
2	Louis XIII	人头马路易十三	法国	1850
3	Richard Hennessy	轩尼诗	法国	1756
4	Chateau Petrus Wine	帕图斯红酒	法国	1837
5	Chateau Lafite Rothschild	拉菲	法国	1354
6	Macallan	麦卡伦	英国	1824
7	Meritage	麦瑞泰基	美国	1982
8	Ron Zacapa	萨凯帕朗姆酒	危地马拉	/
9	Dom Perignon	唐培里侬香槟王	法国	1668
10	Perrier Jouet	巴黎之花	法国	1811

Part 1 集百家之言鉴"奢侈"

	Martell	马爹利	1715	法国
	创始人	Jean Martel 让·马爹利		
	隶属公司	Pernod Ricard 保乐力加集团		

L'Or 金王马爹利	只做限量发售,是马爹利家族最荣耀辉煌的醇酿之一,由马爹利最好的生命之水精酿而成,每一种都有半个世纪以上的历史,堪称滴滴珍贵。金王马爹利的酿制、醇化过程特别复杂,就是它的水晶酒瓶,从瓶盖到瓶身上端选用24k纯金,充分体现这一款酒正如赤足黄金一般历经千锤百炼
Cordon Bleu 蓝带马爹利	1912年由爱德华·马爹利精心调制创造,其调配过程堪称极致艺术,挑选优质边缘区的葡萄,选用30~35年的至醇干邑,由250种生命之水精心萃取而成,其色泽如深金精铜,口感极其柔润、浓郁,是全球最受欢迎的特级干邑白兰地之一
X.O 马爹利	X.O是代表顶级的最上乘的白兰地,除此之外还有V.S.O.P、V.S、V.O级。在白兰地这种酒系列里,V.S.O.P代表其原浆酒的陈酿期是5~10年,意为绝老佳酿;X.O代表其陈酿期是12~50年,意为特优陈酿。 所有的白兰地酒厂,都用字母来区别品质,E代表Especial(特别的)、F代表Fine(好)、V代表Very(很好)、O代表Old(老的)、S代表Superior(上好的)、P代表Pale(淡色而苍老)、X代表Extra(格外的)。 马爹利X.O具有独一无二的优质口感,最初的酒香是黑胡椒、香菜和胡椒的气息,接着呈现出无花果酱和蜜饯的甜香,杏仁与胡桃的芬芳,蜂蜡与檀香木温柔的和谐香气
品牌故事	1715年,法国海峡泽西岛上的一位年轻人——让·马爹利在法国干邑地区创立了这个品牌。在后来三个世纪的品牌发展过程中,8代马爹利家族成员出于对酿酒艺术的不懈追求,不断钻研与探索创新更加卓越的口味。 法国干邑地区盛产世界顶级白兰地,全球四大顶级白兰地轩尼诗、马爹利、人头马和拿破仑均产于此。 在法国,干邑是一个受法律保护的名词,只有在这个地区产出的葡萄酒蒸馏出的白兰地才可称为干邑。 1988年,马爹利公司被北美著名酒商施格兰收购,马爹利的第八代传人伯利·马爹利先生依然担任公司领导岗位。 2001年12月,施格兰公司又将马爹利转卖给法国保乐利加集团。而伯利·马爹利也已退休,搬到拿破仑的老家科西嘉岛,彻底脱离了与马爹利公司的一切管理关系。 其实在像马爹利这样世界顶级品牌的发展过程中,品牌创始和继承家族逐渐将品牌管理和拥有权转让给第三方专业集团的案例并不鲜见。相反,这是欧美品牌商业化进程中很必然的一个趋势,因为单一的家族和品牌在全球化进程中,并不是都有足够的实力来构建全球物流和销售网络

	Rémy Martin	人头马	1724	法国
	创始人	Rémy Martin 雷米·马丁		
	隶属公司	Rémy Martin 雷米·马丁公司		

V.S.O.P Fine Champagne 人头马特优香槟干邑	1919 年，法国颁布原产地保护法令（Appellation d'Origine Contrôlée，AOC），法令规定只有 100% 采用干邑地区最中心地带——大小香槟区的葡萄酿制，并且大香槟区的葡萄比例超过 50% 的干邑才能称为特优香槟干邑，并且只有特优香槟干邑才能在瓶身上标注 "Fine Champagne Cognac" 的字样。 1927 年，第一瓶人头马 V.S.O.P Fine Champagne 面市，它以 55% 的大香槟区葡萄酒和 45% 的小香槟区葡萄酒混合酿造而成
Louis XIII 人头马路易十三	1850 年，马丁家族传人 Paul Emile（保罗·埃米尔）在路易十三时代古战场发现一个文艺复兴时期巴洛克风格的酒瓶，瓶身上的皇家百合花饰纹代表了酒瓶曾隶属于皇家的高贵门楣。保罗将其买了下来，申请了复制专利，并命名为 "路易十三"。 有 "干邑之王" 之称的人头马路易十三干邑的生产标准远高于法国法令规定的干邑生产区的执行标准。原酒陈酿期 7 年以下的是 V.S，达到 7 年的是 V.S.O.P，超过 12 年的是 Club，达到 15 年的是 Napoleon（"拿破仑"级），超过 20 年的是 X.O，超过 30 年的是 L'Or（"金色年代"），达到 50 年以上的就只有路易十三了
X.O 人头马	X.O 展现着 "生命之水" 层层独特味觉与芳香，酿造 "生命之水" 的葡萄 85% 来自 "大香槟区"，15% 来自 "小香槟区"；酿制用的橡木桶均采自林茂山区的橡木，富含丹宁而少有木质素的橡木避免了干邑过多的苦涩味道，而其粗大的纹路则保证了陈酿舒服的 "呼吸"，造就 "生命之水" 绝佳的品质。 X.O 的色泽呈深金黄色或琥珀色，并带有红晕的色调，通透如水晶，长年累月陈酿使其口感极其醇厚、内涵丰富，达到完美和谐的境界
品牌故事	1695 年，马丁出生在法国夏朗德省 Charente 的一个葡萄种植与酿酒家庭，长大后在父亲的教导下参与家族庄园的管理工作，而家族所种植的葡萄则专门用于蒸馏制作白兰地，主要销往德国和英国两大市场。 1870 年，马丁家族的第五代传人 Paul Emile（保罗·埃米尔）突发奇想，将人马星座作为公司的标志，这一想法在 1874 年得以正式注册。 在人头马公司的发展理念里，绝佳的干邑不仅仅取决于其存放的方式，更取决于其产区。葡萄酒经蒸馏后的原酒——"生命之水"的特殊芳香来自土壤的独特质地，而且随着酒龄增长会变得浓郁香醇。若无原有的芳香，陈酿时间再长也无济于事。最醇厚的 "生命之水" 来自 1909 年确定的 6 个干邑产区的中心产区：大香槟区和小香槟区。也正因为如此，马丁公司一直选用这两个产区的 "生命之水" 用以酿制其干邑酒。 如今，世界上仅有 17% 的干邑才能被尊称为 "特优香槟干邑"，而人头马旗下的 Extra、X.O、Club、V.S.O.P 系列都荣获此殊荣

Part 1
集百家之言鉴"奢侈"

	Richard Hennessy	理查德·轩尼诗	1756	法国
Hennessy COGNAC	创始人	Richard Hennessy 理查德·轩尼诗		
	隶属公司	LVHM 路易酩轩集团		
Richard Hennessy Cognac 理查德·轩尼诗 干邑	以创始人名字命名的理查德·轩尼诗干邑，象征着光辉历史与美好未来的永恒联系，既是对经典风范的崇高敬意，也是寓意追求极致品位的灵感来源。 理查德·轩尼诗干邑由超过 100 种不同年份的"生命之水"调配而成，其中有一些"生命之水"甚至拥有超过 200 年的历史，可以上溯至轩尼诗先生设立于 1774 年的"创始人酒窖"			
Paradis 轩尼诗杯莫停	中文译名取自李白名诗《将进酒》中的"将进酒，杯莫停"之句，不仅颂音相仿，更是借名与"人生得意须尽欢，莫使金樽空对月"遥相呼应。 调制杯莫停所使用的"生命之水"可谓滴滴珍贵，在轩尼诗家族两百多年的历史中，每个葡萄丰收年都会特别精藏数桶极品白兰地储存于珍贵酒窖中。1978 年，轩尼诗家族决定利用这些宝贵资源，调制成最香醇的 Paradis。被选制 Paradis 的"生命之水"年份由 50 年到 100 年不等，极其珍贵			
X.O 轩尼诗	采用橡木桶储藏各类年份的干邑酒的来源背后，还有一段故事。法国于 18 世纪卷入了西班牙战争，白兰地出口市场不佳，造成大量存货，人们不得不将存货装入由橡木制成的木桶内储藏。数年后，解甲归田的人们惊奇地发现，储存在橡木桶内的白兰地竟然变得更香更醇，且色泽晶莹剔透，呈琥珀色。于是，用橡木桶酿藏白兰地便成为一个重要传统			
品牌故事	1724 年，理查德出生于爱尔兰一个贵族家庭。1765 年，理查德服役于法国国王路易十五的军队，驻扎在法国干邑区的雷岛，陪同他一起的还有他年轻的妻子及刚出生三个月的儿子詹姆斯。也是那一年，理查德开始创立公司经营烈酒生意，他利用家族关系网络将从干邑地区当地市场买来的烧酒销往伦敦和都柏林等地，业务很快有了起色。细心的理查德很快发现人们越来越倾向于购买高质量的烈酒：以优质的葡萄酒或香槟做原液，通过精心蒸馏和调配，在木桶中充分陈酿。几年以后，为了更好地服务于越来越多的富有而苛求的客户，理查德开始从一个单纯的酒商发展成为制酒人和调酒专家。 1865 年，家族传人莫里斯受办公室门把手上的星形装饰物的启发，发明了通过星级来评定不同年份干邑的方法：一颗星表示在木桶里陈酿两年后装瓶的干邑，两颗星表示 4 年，三颗星表示 6 年；年代更久的干邑则仍按传统方式定级。自此，用星级评定干邑年份的方法成为世界标准并一直沿用至今。 1971 年，轩尼诗干邑与酩悦香槟（Moët&Chandon）结盟，著名酒业集团酩悦轩尼诗由此诞生。1987 年，酩悦轩尼诗集团再次与有世界顶级皮具品牌路易威登（Louis Vuitton）结盟，组成并发展成为今天世界第一的奢侈品业务集团——路易酩轩（LVHM）集团			

取百家之长学"奢侈"
——我的欧洲留学笔记

第 1 章

时尚记号心理学

对于时尚记号心理学（Semiology）这门课程，不得不说，当时不论是对于来自全球18个国家的60多位同学来说，还是对于在国内已经阅读了大量奢侈品管理类书籍的笔者来说，Semiology都绝对算得上是一个生僻和晦涩难懂的词语。但经过细致的学习之后才发现，时尚符号心理学属于时尚与奢侈品管理理论中一个重要而又深刻的分支理论。鉴于在国内较少接触到这样的学科课程，笔者摘取翻译了部分最为实用的理论和知识分享给国内读者。由于部分原著英文缺少对应中文解释，再加上笔者翻译能力的限制，部分内容是在意会理解的基础之上做的分析阐述，但都附上了英文原文，以便读者溯源查证。

时尚记号心理学是一门使用标记、符号、色彩、线条等艺术手法来传达时尚、奢侈品时尚态度、艺术理念、购物欲望等隐藏信息，从而更好地吸引消费者眼球，让消费者对时尚和奢侈品品牌产生无限想象和向往的分析与管理学科。

Part 2
取百家之长学"奢侈"——我的欧洲留学笔记

1.1 时尚的记号

在那些引起共鸣的时尚封面广告背后,是什么样的艺术手法刺激了目标受众产生购买行为,并最终转变为消费者的?

那些顶级知名设计师用以唤醒消费者拥有一套高级时装的欲望所用的轮廓、线条、色彩、符号及面料的背后,隐藏着怎样的潜意识的信息?

是一种什么样的加密艺术手法,产生了一种神奇的说服力,让人们对奢侈品拥有一种无法阻挡的拥有欲?

要回答这一系列的问题,都要从时尚的记号(Sign)开始讲起。

在日常生活中,我们通过记号来交流:我们的一个表情,电视里的广告,街道上的一个指路牌,一段特定的声音或者一种特定的颜色,都可以成为我们用以交流的一种记号。当然,我们穿的衣服、佩戴的首饰、穿搭的鞋帽包包等,也是一种沟通交流的记号。

从定义上来讲,记号(Sign)由意指(Signified)和标记物(Signifier)两者构成。"意指"是这个记号所要传达的信息和理念,而"标记物"则是承载信息和理念传达的媒介和形式。

以下图这个道路指示"记号"为例,它意为"禁止通行"或"禁止进入",在这里,"意指"即为"禁止通行";而"标记物"则是"实心红色的圆圈内一条白色的横杠"。

在实际应用中，记号又被细分为图标（Icon）、符号（Symbol）与迹象（Index）。其中，"图标"指一种与所表达的信息，意义相符的记号；"符号"指一种在习俗或惯例中，早已约定俗成的记号，它与本身要传达的信息可能没有任何关联；"迹象"则是指一种自然景象或事物，它与所要传播的信息并没有直接的关联。

当"所见即所示"的时候，这个记号就是图标。例如下图《梵高的自画像》，图画作品本身要传达的信息就是梵高本人，所以这个作品记号是一个图标。

当"所见非所示"的时候，这个记号就是符号。例如下图中男女双手佩戴的戒指，在我们的习俗和大众认知里面，是婚姻的象征，但一对戒指却并不是婚姻本身，所以这对戒指记号就是一个符号。

而当一种记号属于一种自然现象，它既不是一种公约或者习俗，又没有同所要呈现的信息有所关联，这个记号就是一种迹象。例如下图中的眼

泪,它可能预示着伤心、开心、感动或者痛苦,它既不是一种公约或者习俗,又没有在指定某种信息,所以眼泪这个记号就是一种迹象。

回到时尚领域中来,一件服装作为一种记号,在不同的场合和形式下,它就有可能成为一个图标、一个符号,或者一种迹象。

对于卡通人物外套来说,当迪士尼的工作人员着装成米老鼠、唐老鸭等卡通人物的时候,人们看到的和着装者想要传递的都是米老鼠、唐老鸭等卡通形象和愉快的含义,因此卡通人物外套就是一种图标记号。

对于一件皇袍来说，在人们传统的习俗和大众认知里面，它就是一种至高无上的皇权的象征，因此皇袍是一种符号记号。

而对于搭配黑色眼线、文身、染发的朋克风夹克套装而言，它可能象征着随性自由，不受束缚的精神，或者生活方式，因此朋克套装此时是一种迹象记号。

当然，在现实生活的应用中，时尚记号的分类并不是"非此即彼"的，它的分类和应用，随着使用用途的不同，变得更为多元而复杂。从服装设计师选择面料、色彩、线条、廓形等传达其设计理念，到消费者选择面料、色彩、廓形表达其内心诉求、展示时尚品位，时尚记号的形式和意义并不是一成不变的。

也正是因为如此，我们才常说"时尚易逝"。时尚记号在时尚的传播过程中，是极其不稳定的，也正是如此，才创造了时尚的多元化。当上一季粉色在世界四大时装周春夏系列服装发布会大行其道的时候,下一季秋冬系列的作品可能又回到了黑白经典搭配的极简主义色调。

1.2 记号分析营销学

记号分析营销学(Semiomarketing),属于营销学中的一个分支学科,它是一种对于文字信息、视觉信息、形态信息(广告、网页等)进行多义分析、解析分析和意义重组分析的方法论,旨在更好地分析和理解顾客信息以及顾客期望,从而提高基于沟通的销售成果。

记号分析营销学,常用的分析工具是商业沟通优化工具(Business Communication Optimization,BCO)和品牌延伸法(Extrabrand)。

1.2.1 商业沟通优化工具

商业沟通优化工具指的是一系列旨在提高与目标客户沟通效率与顾客忠诚度的企业营销与宣传要素及法则。最常用到的要素包括符号(Symbols)、图标(Icons)、迹象(Indices)、编码(Codes)、形态(Forms)以及色彩(colors)。

让我们通过杜嘉班纳(Dolce & Gabbana)下面这张春夏系列的海报,来分析商业沟通优化工具各要素是如何被用来传达品牌营销理念及信息的。

图中四位女主人公及左侧三位男主人公穿的色彩鲜艳、带有各式图案纹理印花的服饰,即为杜嘉班纳这一季想要呈现给消费者的产品风格及款式,因此这是一组直观的"所见即所示"的符号记号。

图中船体五彩斑斓的涂漆,服饰上活跃的红色鲜花图案、点缀了明亮印花图案的蓝色布料,这些都是意大利西西里岛地中海文化以及灿烂文明的象征,这也一再呼应了杜嘉班纳强烈的西西里岛风情的品牌风格,因此这些是一组"所见非所示"的图标记号。

　　图中四位女主人公穿的连衣裙、沙滩泳装，以及男主人公穿的短袖短裤，都暗示着春夏季节的到来，而这正是这一季作品发布的时机，因此这是一组迹象记号。

　　图中出现的人物众多，但年龄跨度却从青年、成年到老年，有男有女，这其实正好构建了一个和谐的完整家庭的景象：穿着杜嘉班纳，三世同堂的一家人，在盛夏之季一同游船享受西西里海岸蔚蓝的海景，幸福溢于言表。在这里，其实隐喻了意大利西西里岛最传统而又核心的价值观——家庭观。没有什么比一家人在一起享受生活更为重要，而这也是杜嘉班纳想要传达的品牌理念。因此这是一组编码记号。

　　图中女主人公洋溢幸福的微笑、慵懒享受的倚靠、男女主人公甜蜜依偎的拥抱等肢体语言，则传递出了在西西里海岸游玩的欢乐气氛，当然，少不了杜嘉班纳的装扮。因此这是一组形态记号。

　　而图中鲜艳的涂漆、服饰色彩以及与蔚蓝海岸相互呼应的服装用料，则再一次强调了这一季的服装风格与不变的西西里情节，因此这是一组色彩记号。

　　商业沟通优化工具可以运用在视觉信息、文字信息以及形态信息的表达和传播中，也可以运用在服装饰品中，抑或是产品陈列的布局中，总之它可以通过不同的组合、不同的表现形式而对人们产生认知和理解上的影响。

1.2.2 品牌延伸法

品牌延伸法，被记号分析营销学用来鉴定和提取品牌的本质，创造新的或取代旧的品牌内涵，而使品牌内涵的传递更为高效。品牌延伸法认为，品牌不仅是一个包含公司名字、商标的符号，它还是公司和顾客之间的情感纽带；品牌，不仅代表公司与众不同的产品和服务，还象征着公司的历史、文化、使命以及价值观。

品牌延伸法常用到的分析要素包括原型（Archetype）、原始元素（Source）、特征（Identity）、关联（Relationship）、受众（Lector）、方式（Modus）、文案（Literature）以及外观（Appearance）。

其中，原型指品牌背后最初的理念；原始元素指对于品牌最基础的认知背后最初始的理解；特征指品牌如何脱颖而出；关联指品牌与消费者之间的联系与关系；受众指品牌的目标客户群；方式指品牌传播与沟通的方式；文案指品牌的口号、理念、价值观等；而外观则指品牌呈现给消费者的形式，包括形状、颜色、媒介（音乐、图像）等。

接下来让我们通过意大利珠宝品牌宝格丽（Bulgari）的一系列广告图片来分析品牌延伸法是如何传递品牌内涵的。

首先品牌原型就是在极致奢华的五彩珠宝项链环绕下纯金刻印的Bulgari品牌标志，这显示了品牌与生俱来带有的"奢侈""财富""享乐""珠宝""珍藏"与"特权"等理念。

而这个掩藏在白色沙滩中的宝格丽珠宝，则暗示着稀有与精湛工艺，这就是宝格丽的原始元素。

宝格丽最为著名的蛇形珠宝腕表，则将宝格丽奢华精湛的工艺、价值连城的珠宝等特征突显得淋漓尽致。

下图中的爱迪塔（Edita）向人们低声诉说着，只要你是财富人群，只要你是社会名流，你就值得拥有宝格丽的珠宝，这就是品牌与目标消费者的联系。

雄狮，权力与地位的象征，宝格丽的目标消费者追求世上最美好的事物，因为他们拥有财富及地位，他们期待的一件珠宝或一件饰品，应该独一无二。

宝格丽呈现给你的方式是在华丽的零售店，由专业的销售顾问，向尊贵的你真情实意地推荐最适合你的唯一珍宝，只为有品位的你。

宝格丽用历史的底蕴告诉你，这是一个有着100多年历史的意大利顶级珠宝名牌，不为留世，只为传世。

而在宝格丽的品牌商标设计中，用"V"取代了原来的"U"，这是由于在古老的拉丁语石刻文中，"U"就是以这样的形式记载的，这同时又唤起了对于古董、传统和历史的回忆。

1.3 时尚记号分析模型

记号学家 A.J.Greimas 曾说，一个概念主题或一段信息文本，可以被编译成一个叙事性的故事。而记号学家用以解码这些故事情节的工具，包括 Actantial 模型（Actantial Model）和记号学矩阵（Semiotic Square）。

1.3.1 Actantial 模型

Actantial 模型是一个由六种基本的相互对立的叙事元素所构成的具有排比关系的分析模型，其中六种两两排比关系的基本叙事元素包括主题（Subject）与目标（Object）、助手（Helper）与对手（Opponent），以及发送人（Sender）与接受人（receiver）。其模型经笔者整理后如下图所示。

Part 2
取百家之长学"奢侈"——我的欧洲留学笔记

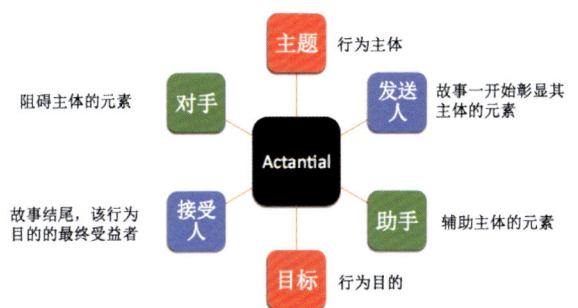

让我们通过一张古驰（Gucci）的广告海报来了解 Actantial 模型是如何解读品牌故事中的情节与主题的。

图片中的主体毫无疑问是这位身着古驰套装的优雅男士，而他的目的则是拥有这两位身着古驰套装的性感女士。

体现男士男性魅力与社会地位的是他身着的古驰套装，以及这辆古董汽车；而阻碍他拥有这两位性感女士的元素则是他们被围困在沙漠的尴尬处境。

故事一开始彰显男士气质与品位的元素就是他身着的古驰套装，而赢取男士优雅气质与品位青睐的受益者，仍然是身着古驰套装的性感女士。

我们可以看到通过 Actantial 模型的解码，古驰对于拥有不俗时尚品位的社会上流人士之间的情感诉求被形象生动地展现了出来。

123

1.3.2 记号学矩阵

记号学矩阵，是指几对相互对立、相互补充的视觉修饰手法，对将要传播的信息进行合理的视觉化处理，从而提高信息传播的影响力。信息的相对关系被信息的创造者有意地设置为互补关系（Complementarity）、否定关系（Contradiction）与矛盾关系（Contrariety）。它们之间的矩阵关系如下图所示。

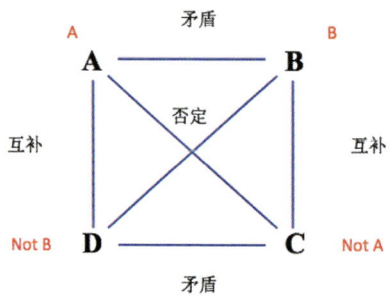

记号学矩阵创造了一种引人注目的视觉效果，通过它所编码后传递的信息，不能立刻被观察者捕捉到并进而得以理解；相反，它通过吸引人们的注意力，让人们在潜意识里慢慢地体会、理解并认可它的含义。

让我们用记号学矩阵来解读上面这张路易威登的广告,从某种角度想,路易威登的皮包是精致的,而与之相矛盾的是安吉丽娜·朱莉所乘坐的简陋的木船。另外,相比起精致的皮包,这里的自然环境也算不上精致,草木因未经修剪而肆意生长,倒显得与这个简陋的小船情景相应。而安吉丽娜的着装与妆容,不至于简陋,却随性大方,休闲自得。这幅广告的几号学矩阵可表示为:

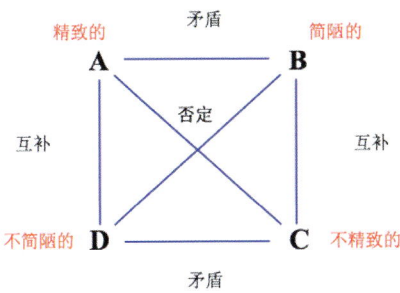

从第一视觉来讲,消费者可能并不能感觉到路易威登的精致与文化底蕴,但慢慢地细细品来,在生活中,在旅途中,哪怕是一次随性的旅行,你也需要一个精致的路易威登包包与你同行。

视觉陈列管理

2.1 消费者体验与视觉陈列

视觉陈列是一门创造性的视觉与空间艺术,它包括店铺设计、装修、橱窗、通道、模特、背板、道具、灯光、音乐、POP广告、产品宣传册、商标及吊牌等零售终端的所有视觉要素,是一个完整而系统的集合概念。

视觉陈列,需要把商品所具备的优点和价值,视觉性地呈现给顾客,因为顾客购买的不只是商品,还包括从看到商品、试用商品到购买商品整个过程中所获得的体验感、价值感和满足感。

在商品极其多元化的现代商业社会,消费者面临丰富而多样的选择,每一个品牌都使出浑身解数,希望通过更有效的手段吸引住忠诚度越来越低的当代消费者,激烈的竞争在所难免。当消费者在不同的品牌门店挑选商品的同时,各个品牌之间也在暗相较量,怎样将街道上川流而过的人群吸引进店铺,怎样打造更舒适的购物环境和购物体验,怎样提供更为个性化的服务,这些都是视觉陈列展现价值的舞台。

相应地,对于消费者也是如此,在产品多样化的今天,商品种类越是丰富，要想选到心仪的商品就越是困难。消费者在进入一家店铺的时候，他的潜意识里是带着一种有可能连他自己都不知道的渴望的。对于商品种类，他的内心渴望有充足而多样的商品可供选择，并且款式能够及时更新。对于购物体验，他希望能够以一种轻松自然的状态愉快地进入店铺，能够自由不受限制地接触到商品，可以不费心思地很快理解商品在店铺内的分区，并帮助他更快地不受阻碍地找到他想要的商品。一个未曾被大声说出的事实是，很多时候，消费者的内心是如此敏感，他们对于在店铺内体验到的由周围的环境和销售人员营造出来的购物的氛围，就像是一种自身社会地位的真实写照，一种被品牌的定位和价值观所烘托出来的承诺。而这种体验，就需要通过视觉陈列来实现。

根据品牌定位、品牌风格、营销目的的不同，视觉陈列可以充分体现出它在艺术领域的创造性，它的风格可以体现为极简主义、新巴洛克风格、主题风格、理性主义、经典主义、工作室风格、概念店、快闪店等。

极简主义

新巴洛克风

船舱主题风格

理性主义风格

经典主义风格

工作室风格

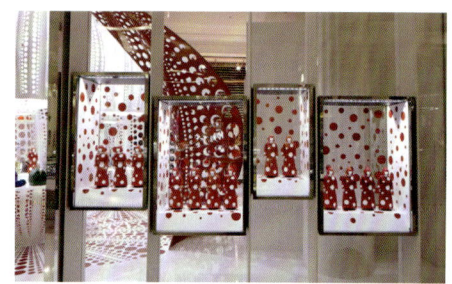
路易威登草间弥生概念店

Pop-Up 快闪店

一个好的视觉陈列，应当能让人们在第一时间产生一种精神层面的情感诉求和吸引力，这种吸引力或者让路过的你进入零售店铺满足好奇心与探索欲，或者让已经进入店铺的你驻足欣赏、慢慢体验，抑或让原本只是路过参观的游客变成这家品牌门店的新晋消费者。

由视觉陈列产生的购物体验，快时尚品牌和奢侈品品牌们有着不同的艺术手法。

快时尚品牌诸如 Zara、Uniqlo、H&M、Gap 等，其门店的视觉陈列手法是通过划分不同的服装功能区域，摆放足够多的商品库存，让消费者产生一种休闲随意、自助易得、随穿随买的购物体验。充足的各种颜色、尺码的同款商品被整齐地摆放在货架或者衣架上，它们看起来是如此唾手可得。

Part 2 取百家之长学"奢侈"——我的欧洲留学笔记

Zara 陈列

优衣库陈列

奢侈品品牌诸如路易威登、爱马仕、迪奥、芬迪、古驰等,其门店的视觉陈列手法则是划分不同的生活方式功能区域,将精挑细选后仅此一件的产品系列,华丽地陈列于精心布置的氛围背景中,让你仿佛置身于为你量身打造的私人衣橱,只为挑选出最适合你的那一件。

芬迪陈列

迪奥陈列

2.2 店铺分区及平面图

如果将视觉陈列拆分为视觉要素和陈列要素,那么装修风格、道具、灯光、广告、商标等元素都属于前者,它们以一种显而易见的直观视觉感受影响着顾客的购物体验。而店铺分区、通道设计、模特模型摆位等要素则属于后者,它们通过理性思考和物体物理性的引导来影响消费者的购物体验,并且更为重要的是,它们更为直接地影响着单位面积销售额。

一个好的零售店铺分区设计,可以将不同品类的产品以一种高效而合理的方式陈列于店铺的各个位置,而引导消费者更为便捷地触及他所渴望的商品的通道,则是连接这些分散陈列的商品的纽带。

当然,零售店铺的分区设计有不同的准则及标准。按照服务功能划分,店铺可分为销售区域、试衣间、收银台等服务区域、休息区(常见于奢侈品零售店铺)以及储物间等。按照产品品类划分,可以分为服饰区域、鞋履及配饰区域、彩妆区域和手袋、背包区域等。按照性别及年龄划分,店铺可分为男装区、女装区以及儿童区。除此之外,零售店铺的分区设计还可按照色彩、主题、材质等进行划分。

现在请闭上眼睛回想一下,当你初次进入一家零售店铺,你的主要注意力会被什么所吸引?换句话说,这家店铺的哪个区域的陈列会率先在你的脑海中留下印象?一般来说,墙面会是绝大多数人脑海中率先出现的画面。因为当人们第一次进入一个陌生的空间,从眼睛所在的水平高度出发,人们会扩大视觉空间内信息搜集的范围,而墙面作为局部空间内视线的终点，它将对人们搜集到的视觉信息形成一个自然的界限。

当人们迅速地获取了店铺空间大小的信息，接下来能引导人们继续探索这个由视觉陈列师精心设计的店铺空间的元素就是"通道"了。通过视觉陈列师多年的观察和经验的积累，他们得出这样一条结论，人们进入一家店铺的大门或通过内部扶梯到达另一层平台时，总是倾向于右转并继续自己的购物体验。更神奇的是，当人们在店铺中遇到墙柱、服装模特模型等阻碍物时，也是倾向于右转而继续他们的脚步。而那些置于墙角，或者跃层楼梯夹角的边角地带，则鲜有顾客光临。然而，事情远不止看上去那么简单。视觉陈列师通过与店铺销售及管理人员的沟通发现，凡是"通道"的畅通区域，那附近的货品总是销量良好；而那些所谓的视觉夹角或者通道角落的商品，却销量全无。

在课堂上，我们将这些销量火爆的畅通区域称作"热点区域（Hot Zone）"，将销量平平的通道区域称作"冰点区域（Cold Zone）"，而将那些销量全无的转角区域称作"无用区域（Dead Zone）"。说到这里，我们自然而然会产生一个问题，我们该如何解决这些问题来提高零售店铺的单位面积销售额呢？

一个被广泛使用的解决方案是将每季的新品放在"热点区域"，以正品价格尽可能多地产生销量，并与消费者建立一种积极正向的品牌形象。在"冰点区域"放置过季或者打折处理的商品，这样一方面同"热点区域"的正价商品形成了良好的区域间隔；另一方面，也将有不同需求及价格敏感度的消费者自然而然地疏导到了一个原本不打算产生销量的区域。至于"无用区域"，既然它已确信无疑无法产生销量，带来现金回报，那它最佳的价值体现就是陈放模特模型，或者有趣的装置艺术，以期最大限度地吸引消费者，让他们尽可能长时间地在店铺内驻足，从而为再次回到"热点区域"或者"冷点区域"进行消费创造可能。

对于以上理论，Zara 是将其运用得最淋漓尽致的快时尚品牌之一。为了更为直观地学习这个理论，笔者所在的小组前往了位于奥斯曼街的 Zara

巴黎歌剧院旗舰店，进行了消费者购物轨迹观测与记录，并制作了以下店铺分区设计绘图及分析。

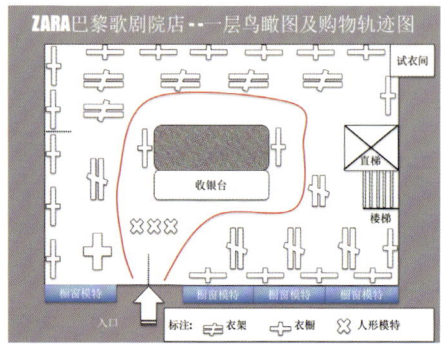

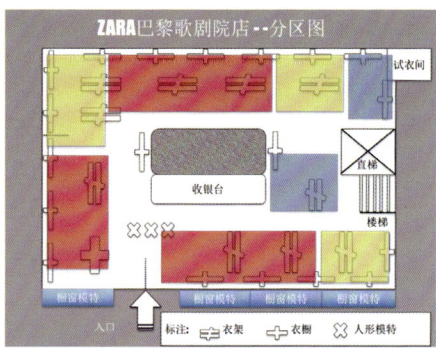

奥斯曼街 Zara 店铺一层店铺分区图

从上图中可以看出，Zara 店铺的视觉陈列师很巧妙地在一层入口处放置了三个人体模特模型（Mannequin），这导致绝大多数消费者很自然地向右转，进入 Zara 店铺的主打销售区域，而且右侧还有通往店铺二层的直梯和楼梯通道。位于一层店铺中央的是楼层立柱以及收银台，自然而然地，消费者只能绕着中心区域完成购物体验，因此在轨迹上留下一个近乎完整的环形线。

而我们通过观察消费者在店铺内驻足，并从货架上取下商品进行试穿的频率，绘制了右侧的销售情况分析图。从图中我们可以看到在消费者行进轨迹的最畅通处，亦即视觉陈列师刻意打造的顺畅通道处，形成了三个"热点区域"，而这三个区域也正好是 Zara 店铺销售全价新品的区域。相应地,在一楼的几个房角处,由于是非正常通道,又加上有楼梯的引导通向二层商品区,形成了几处黄色的"冰点区域",而Zara店铺的处理是在这几处区域卖折扣商品或者低价商品。而一层的另一个角落,由于缺少楼梯的引导;包括楼梯正对着的这个货架,人们忙于前往另一个目的地,极少为此驻足,形成了两块蓝色的"无用区域"。Zara店铺的处理方式是放上了女士配饰这些更具吸引力的小单件商品。

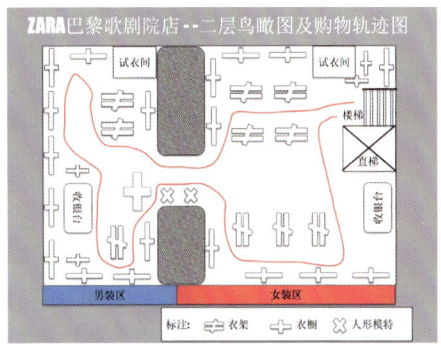

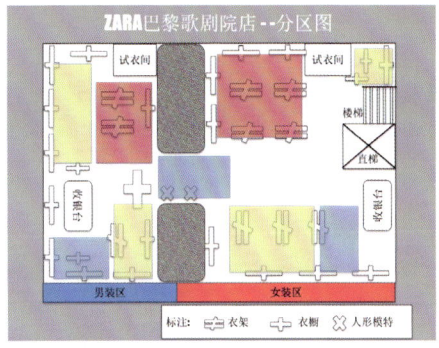

奥斯曼街Zara店铺二层店铺分区图

通过楼梯来到Zara店铺二层,首先进入的是女装区域,我们发现男性消费者会穿过女装区,在通过两道墙柱形成的狭小通道后右转,完成男装区域的购物体验。而女性消费者在从楼梯进入第二层商品区时,会直接右转进入商品陈列架,并以一个"口"字形轨迹线完成女装区的购物体验。

与我们所提到的理论相符合的是,每一个"入口"处的右转区域都成为消费者体验与购物的"热点区域",而两处墙柱形成的狭小通道由于没有人会为此驻足，Zara店铺在这个蓝色的"无用区域"摆放了两个醒目的男装模特模型，以作为区分男女装区域的界限。

2.3 橱窗设计

橱窗设计作为零售店铺视觉陈列的外延部分，对于整体品牌内涵的传达具有举足轻重的作用。如果说室内视觉陈列起到的是营造环境、提升消费者购物体验的作用，那么橱窗艺术就是起到叙述故事，让消费者对品牌产生无限遐想，进而走进店铺探索体验的作用。因此，好的橱窗艺术首先必须具有强烈的视觉冲击效果；它必须带有鲜明的品牌特征及元素；不论数量多少，它们必须协调地陈述一个相同主题的品牌故事；这个故事必须能激起观众情感上的波动，或惊喜，或兴奋，或感叹。

在橱窗艺术这方面，最让人称赞道奇的要数巴黎春天百货和老佛爷百货的橱窗艺术了。和传统静态的橱窗陈列不同，两个百货公司巨大的橱窗陈列艺术就像一场场流动的宴席，充满了无尽艺术的想象，让一个个鲜活的品牌故事变成一幕幕动态的舞台木偶剧。不仅让过路的小孩彻底为之着迷，就连随行的大人都不禁为之驻足拍照、摄影留念。

巴黎春天百货巴宝莉动态橱窗木偶艺术

当然，绝大多数品牌的橱窗艺术还是静态陈列的形式，只不过又分为开放式静态橱窗陈列和封闭式静态橱窗陈列。

前者没有背景板，观众可以透过橱窗看到店铺里面的布置。

后者有一个封闭式的背景板，观众看不到店铺里面的布置。

虽然说橱窗陈列是一种艺术的创作，但它依然需要遵守一些基本的准则。一是橱窗陈列要传递一个清晰明了的产品信息或艺术话题；二是橱窗内的色彩不宜过于杂乱，应该限制在一两个主色调之内；三是橱窗陈列的空间并不是杂货库，物品的陈列既不能太多太杂，又要按照一定的空间及视觉逻辑；四是橱窗陈列所展示的商品最好是在店铺内也能触手可及的商品。

当我们在审视一个橱窗陈列是否合格时，我们也应当站在一个观众的角度来思考，其实对于一个静态橱窗陈列，我们就像在看一幅巨型的现场版照片一样，橱窗里的布置一样需要符合视觉的观察轨迹以及图片分割的黄金比例。

研究表明，人们眼睛的视点在一张图片上的停留时间和关注程度大致呈现出以下的结果。

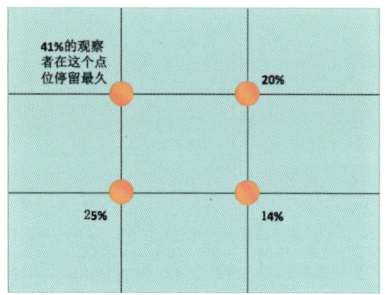

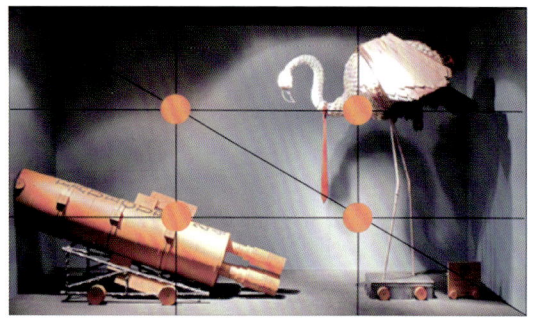

从这张橱窗陈列图片，我们就可以看出视觉视点在空间结构中的位置。

另外，三角形比例在橱窗陈列当中的应用也是最为常见和经典的。因为三角形是一种稳定的结构，所以用这种线条布置的橱窗陈列会呈现出一种协调和力量之美。

如果要采用平行法陈列,那么商品的陈列则最好在垂直距离上有所间隔,这样可以在视觉上形成一种纵深效果,让橱窗效果更为饱满、活跃。

第 3 章

时装的周期

3.1 传统时装的周期

时装的周期，指的是从设计师笔下的设计草图开始，经过面料开发、选料、打样、修改、定版、下单生产，直到商品运输、物流供应，商品进入品牌全球零售门店，最终完成销售到达顾客手中的全部过程。广义来讲，时装涉及的产品包括服饰类的高级定制和成衣，鞋履、包包之类的皮制品，以及眼镜、领带、腰带、围巾等配饰产品。在本书中，仅针对服饰（成衣）的制作周期进行描述。

对于一家服饰公司，它所涉及的完整价值链体系可能包含服装设计、面料开发与采购、服装生产及加工、物流与仓储供应链、市场营销、批发业务、零售业务，以及客户服务中的部分或全部业务。但有一点可以肯定的是，时装的周期是从服装的设计开始的。

说到服装的设计，它又不仅仅是设计师或者设计团队凭空的想象，而是基于详细的商业计划及市场营销方案。换句话说，服装设计师并不是隔绝在工作室里闭门造车的手工艺人。每一季新品发布之前，市场团队都会搜集大量的当季时装市场的数据,如款式、色彩、尺寸、廓形、用料、定价、销售情况、流行元素等,经过专业的分析及策划,时装公司需要制定出下一季产品的销售计划、成本预算、物流计划等综合方案。

有了市场团队搜集的大量当季时装市场的数据,设计师团队就可以总结当季的时尚元素,然后预测下一季的流行趋势了。他们将会开始选定下一季新品的概念,这又是一个包含从颜色、廓形、风格、面料,到目标客户群和定价等议题的全过程。有了新品的概念,接下来就是产品线的绘制过程,设计师团队需要描绘每件商品的款式、标注尺寸及面料信息,初稿完成后需要制作图片进行审阅、讨论,并提出修改意见,然后就是重复以上流程,并直到最终商品信息通过讨论。

有了商品的设计草图之后,接下来就是服装剪裁与打板了。在这个过程中,设计师团队会尝试及确定缝制工艺、预估面料成本、制定具体的尺寸标准。当第一个服装原型制作出来以后,会将其制作成图片进行反复观察和讨论,以进行下一轮的修改,直到最终所有技术细节、尺码信息、面料信息确认无误。

接下来就是产品线的制订计划,公司团队需要选定下一季商品的风格、商品款式、颜色及尺寸、单价及数量,并制作成产品线图册。紧接着,设计师团队需要用确定下来的服装面料,制作商品样品,并再次评估缝制工艺、穿戴舒适度、面料质量、细节成本等信息。

在时装的周期里面,当然少不了最吸引大众目光的四大国际时装周了,这是全球顶级奢侈品牌发布下一季新品的T台盛宴,而这场盛宴同样属于全球时尚行业的参与者、时尚爱好者、新闻媒体,以及社会名流、明星大腕。事实上,时装周T台上模特走秀穿的下一季新品,就是设计师团队经过一轮轮的绘画、打板、修改、裁样、制作、缝制、再修改,最终定版而成的作品。通过T台走秀的形式,透过全球知名摄影师的拍摄、顶级时尚杂志及媒体编辑的报道,品牌新一季产品的理念、流行元素得以传播到世界各个角落，成为各地时尚爱好者追捧的对象。每年，四大国际时装周都会在一个相对固定的月份轮流举行，以女装时装周为例，在每年的2月，纽约时装周、米兰时装周、伦敦时装周会依次举办其当年秋冬季（AW）新品的发布会，巴黎时装周要等到3月压轴上演。而在9月，伦敦时装周、纽约时装周和米兰时装周会依次举办其次年春夏季（SS）新品的发布会，巴黎时装周则要在10月压轴上演。至于男装，由于只有米兰和巴黎两个秀场，因此每年的1月是当年秋冬系列的发布会，6月是次年春夏系列的发布会。

从上面的时间表不难看出，这些时尚新品从T台到最终到达消费者的手中，还有一个漫长的过程。每季时装发布会，其实都是一个新品的订货会，走秀的产品仅受到杂志主编或知名博主的青睐还远远不够，它们还必须获得顶级时尚买手的青睐才能真正开始证明它们的商业价值。因此，时装周期间，除了T台秀场人山人海，热闹非凡外，另一个人流攒动的场所，就是品牌的产品秀场（Showroom）了。在这里，是各个品牌展示更多商品的场所，也是与世界各地买手签订订单的会议厅。

一直要等到品牌方确定了一个相对妥当的订单量，他们才会开始向上游的面料供应商下达最终的采购订单，然后是推算面料交货期并向服装制作工程下达生产通知单。这份生产通知单会详细地记录产品的生产数量、质量标准、剪裁工艺、面料细节、包装要求，以及交货方式和时间、地点等信息。

几个月以后，制作好的时装成衣产品会按照订单合同，被发往各地的品牌批发商或经销商仓库，并最终被运送至品牌在全球各地的终端零售店铺。在那里，消费者才最终得以触摸并购买到几个月前他们在时尚杂志和新闻里面看到的时装产品。

为了更直观地了解时装的周期，下面以2015年春夏季和秋冬季时装产品的制作及发布流程为案例，进行一个概括性的梳理及展示。

时间	2015SS 系列产品	2015AW 系列产品
2014 年 3 月	搜集面料、第一版草稿图	
2014 年 4 月	面料选料、面料订单	
2014 年 5 月	打板剪裁、第一版原型	
2014 年 6 月	产品系列开发	
2014 年 7 月	原型制作、测试及修改	
2014 年 8 月	销售季开始	
2014 年 9 月	时装周或秀场预售 2015SS 产品	搜集面料、第一版草稿图
2014 年 10 月	搜集销售订单，确认最终数量	面料选料、面料订单
2014 年 11 月	下发面料采购订单，准备生产作业	打板剪裁、第一版原型
2014 年 12 月	生产订单跟踪及反馈	产品系列开发
2015 年 1 月	生产订单跟踪及反馈	原型制作、测试及修改
2015 年 2 月	产品物流运输至各地仓库	销售季开始
2015 年 3 月	仓库运输至零售店铺，销售 2015SS	时装周或秀场预售 2015AW 产品
2015 年 4 月		搜集销售订单，确认最终数量

3.2 被颠覆的传统时装周期

传统时装的周期，从新品在 T 台上首次发布亮相，到消费者最终在零售门店购买到实物，有 6 个月之久的等待。这样的等待，从时装周模式起始之初至今的几十年来，似乎从来就是如此，人们亦如此司空见惯，以至于没有人会意欲挑战传统。

然而移动互联和社交媒体时代的到来，像一种不可逆转的洪流，冲破了传统时装周期那钢铁一样的机制，并连点成线、由线及面地在时尚圈引发广泛的争论，甚至忧虑。

2016 年 2 月的米兰时装周，英国奢侈品牌巴宝莉（Burberry）推出了"即秀即买"的新秀场模式，旨在大幅度缩短成衣上架周期，以及同消费者建立更为紧密的联系。与以往秀场商品需要等待 6 个月才能出现在品牌零售店铺不同，这一次巴宝莉2016秋冬系列的秀场商品在秀场进行时，便已经可以在门店同步上架，消费者们通过关注秀场现场时尚媒体、杂志主编、知名博主的社交媒体在第一时间发布的新品消息，即刻便可前往身边的品牌零售店下单购买自己喜欢的款式。

除此之外，巴宝莉还通过官方渠道表示从2016年9月开始，以后每年将两度在T台展示无季节性的男女装系列。并且，所有的产品都会同时在巴宝莉网络和实体店上市。一言以蔽之，巴宝莉想要从根本上改变传统的纯粹性的时装秀的展示方法。

巴宝莉这样的举动与战略，在时尚圈也是掀起了层层巨浪，评判的两方阵营也是各执一词，旗帜鲜明。

赞成者认为在竞争更为激烈、经济如此低迷的奢侈品市场，推行消费者导向型的时装秀是非常棒的主意。在商业节奏越发快速的今天，6个月的等待时间足以磨灭一切。如果奢侈品牌不想办法让他们的消费者尽快买到喜欢的商品，那么诸如Zara、H&M之类的快时尚品牌会以最快的速度将奢侈品牌们辛辛苦苦创作出来的时尚元素以廉价的方式呈现给他们的消费者。等到消费者已经满足了他们的时尚好奇心，那给奢侈品牌们留下的还有什么？

新鲜事物从来不缺乏追随者，英国的皮具品牌Mulberry也宣布紧随巴宝莉的脚步，从2016年9月起转变为"即秀即买"模式。而事实上，最早同巴宝莉前后推出"即秀即买"模式的奢侈品大牌还有Tom Ford、Chloé等。

现实的另一头，反对者们认为，"即秀即买"模式需要提前在门店配置货源和库存，一旦秀场新款无法获得消费者的青睐，这将是一笔不小的损失。也正因如此，这决定了"即秀即买"模式不是新兴品牌和小众设计师可以玩得起的游戏，因为品牌方需要足够的综合实力来压缩新一季产品的整个开发和铺货流程，并且承担库存的资金压力与风险。

如果再说回情怀，再说回奢侈品牌与快时尚品牌最大的差异，那不就是奢侈品牌卖的不仅是产品，而是梦想吗？如果一个"梦想"明天就能实现，那它还能称为"梦想"吗？那么"即秀即买"模式又是不是一种磨灭时尚梦想的做法呢？

在笔者看来，也许改变这一切的并不是"始作俑者"的巴宝莉，而是科技的发展、社交媒体时代的到来，潜移默化地改变了我们身边的一切。消费者的喜好在发生快速的变化，消费者的购物方式也在发生快速的变化，"时尚易逝"的魔咒只会越发深刻。

即秀即买，巴宝莉不是第一个这么做的品牌，它也绝对不会是最后一个。

第 4 章

零售店铺管理

4.1 零售店铺管理流程及准则

如果说时尚创造梦想，那么奢侈品牌的零售店铺就是让消费者零距离接触梦想的地方。不同于大众时尚品牌的零售店铺管理流程及标准，奢侈品牌零售店铺的管理准则更为严苛、科学而细致，并且不同的品牌可能具备不同的细则。本书根据笔者在课堂上学到的理论知识，结合在巴黎诸多奢侈品零售门店亲身观察记录下的笔记，整理出了奢侈品牌零售店铺管理涉及的通用流程及准则，以飨读者。

从职能角度来说，一个奢侈品牌零售店铺最基本的配置至少包括销售服务、货品陈列、库存管理，以及收银服务。从消费者体验角度来讲，最直接的体验来自店铺销售人员，间接的体验来自店铺环境，以及商品陈列的视觉享受。那么这两者是如何有机地结合起来，使消费者的购物体验达到奢侈品牌零售门店应有的标准呢？

我们还是从消费者完整的购物体验流程角度来分析。首先，当一个消费者进入零售门店时，奢侈品销售人员应该及时给予迎接和问候，但这并不意味着你要十分主动地去引导消费者接下来的一举一动,而是保持一定礼貌而又舒适的距离,跟随及观察消费者在店铺内自由的参观。

当消费者开始驻足观察某一件商品,或者在几件商品间挑选或犹豫时,销售人员应该及时而又不失冒失地给上贴心的建议。如果消费者有意愿了解商品更多的细节,甚至试戴、试穿商品时,销售人员应该戴上整洁的白手套(针对包包等皮革产品),帮助消费者展示及讲解商品。

最终,不论消费者是否购买商品,当他们离开店铺的时候,奢侈品销售人员都应该礼貌而不失热情地给予送别,并邀请再次光临。

销售准备

为了确保销售人员能够为消费者提供尊贵的购物体验,他们每一天都要完成专业而细致的售前准备工作。

首先是销售人员的个人仪容仪表问题,他们的职业装束体现了奢侈品牌的理念与形象,是品牌价值的延伸。店铺环境及商品的维护,也是销售人员传递优质服务及购物体验的重要环节。在店铺内,奢侈品销售人员不允许倚靠陈列柜或家具,更不允许在为消费者服务时双手放入口袋之中。

其次是商品信息和库存情况等销售资讯的核实与知悉,销售人员要在知晓产品特征的情况下,为每一位顾客作出有针对性的销售建议,并尽力减少由于库存原因让顾客等待的情况。如果出现断货的情况,销售人员应该能告知消费者库存及物流情况,并可通过留存电话或邮件等联系方式,邀请消费者再次登临店铺。

商品陈列管理

对于奢侈品牌全球零售门店而言,每一季都会有一个相对统一的视觉陈列风格和布局。这种统一的方案绝大部分情况下是各奢侈品牌集团母公司统一请专业人士设计和建造的,分布在不同国家和区域的零售门店只是负责使用和维护。人员配置上一般会由区域视觉陈列师负责调整及维护,

各店铺视觉陈列专员负责执行和维护。

在视觉陈列的管理中,商品的陈列管理是其中重要一环,而它以符合干净、整洁、色彩协调为主要原则。当然,在陈列的过程中,也有许多细节需要注意。

服装的陈列在悬挂时可不系纽扣,这样方便消费者观察和触摸内衬的材料。针织和羊毛质地的服装不可悬挂,以免重力效应产生织物变形。

裤子的陈列,应当注意丝质、羊毛质地的需要折叠后悬挂;牛仔、纯棉质地的需要平铺存放。

皮革质地的包包应当避免灯光的直接照射,以防皮质受热老化;包包内的填充物应当适量,并且材质柔软,以免皮包走形或划伤内衬。

皮带或领带等配饰,应当按材质、色彩或风格,分层排列,并方便消费者选用。

鞋履内的填充物应当注意左右脚的分别,避免填充物的形状导致鞋履挤压变形。

价格标签和防盗设备要尽可能地放在不显眼的一侧,避免影响商品陈列的美观性。

人台模型的着装应当符合人台模型的尺寸,并且随时注意清洁和维护。

库存管理

确保对退换或被多次试穿过的衣物进行清理后再放回库房进行保存。

确保试衣间的商品被妥善回收和保管,并核对数量。

确保库存商品由其原包装包裹,以便查验库存和下次取用。

确保同款库存商品,大尺码的放在下方,小尺码的堆放在上方,并将尺码标签信息置于醒目位置。

避免在库存商品的包装盒上乱涂乱画,因为它们最终将属于消费者。

避免在没有保护盒的情况下堆放库存商品,以免相互挤压损伤商品。

4.2 零售店铺管理考核——神秘客户

奢侈品牌零售店铺有其自身的考核机制，如店铺销售总额、单位面积销售额、店铺员工KPI、客户满意度调查、客户投诉率等。但还有一种公司内部或者由第三方调查测评机构主导的考核机制，那就是神秘客户审评考核。"神秘客户"会伪装成普通的消费者，到待测评的奢侈品牌零售店铺进行参观，并模拟购物体验。通过对在店铺内观察和体验到的整个完整流程进行审核和评分，进而得出店铺管理考核的结果。

笔者有幸利用移动课堂的机会，和三位同学组成神秘客户小组，对巴黎地区的纪梵希（Givenchy）零售门店进行陌生拜访和模拟考核，以下是我们制作的考核清单和其中一张记录表单。

神秘客户陌生拜访考核清单

1	店铺橱窗陈列	
	主题与亮点	陈列与布置
2	店铺内的品牌指示标志	
	形式	内容
3	店铺内的视觉陈列	
4	服务流程及质量	

神秘客户陌生拜访——店铺服务流程及质量记录表

店铺名称		店铺地址	
服务人员信息	数量	国籍/性别	
	迎宾服务	服务反馈速度	
	服务建议效果	送宾服务	
对话记录	神秘客户		
	服务人员		

我们首先去了巴黎老佛爷一层的纪梵希专柜，当时有一名法国籍和一名中国籍女性销售人员接待了我们。在看到我们到来的第一时间，我们受到了两位销售人员常见而及时的问候和欢迎，在整洁而轻松的店铺氛围中，我们开始了愉快的模拟购物体验。笔者假装要给国内的亲戚选购一个皮包，于是中国籍女销售员非常专业地推荐起了一款粉红色城市限量版的鳄鱼皮手提包。经过一番交流之后，笔者以一个合适的理由结束了这次谈话。和团队离开时，两名销售人员已经开始应接不暇地去服务其他到店的客户了。

在这一次的服务流程评估中，我们发现销售人员的迎宾服务和服务反馈速度都是非常不错的。但由于巴黎老佛爷店铺一楼的皮革及配饰产品的销售大量依赖全球旅行团的消费者，这注定了销售人员的服务模式以快速销售服务为主。并且考虑到国际游客很少成为这里的常客，递送销售人员名片以期再次服务的送宾服务，在这里也显得更为简化了。

接着我们去了巴黎春天百货二层的纪梵希店铺，在这个不大的开放式店铺里，这位唯一的法国籍男性销售人员给予了我们热情的法式迎宾礼，在他专业的建议下，我们组来自哈萨克斯坦的女同学一连试穿了好几件衣服，但最终我们以没有合适的裤子做搭配为由，遗憾地结束了这次陌生拜访。即使这样，这位法国店员依然非常绅士而礼貌地递给了我们一张他的名片，并欢迎我们再次光临。

相对来说，巴黎春天百货的人流量比巴黎老佛爷百货的要少一些，这其中国际游客的数量占了很大比例。也正因如此，很多巴黎本地的消费者更愿意到巴黎春天百货购物，因为这里的服务更为细致和周到，人流量也没有那么拥挤。

PART 3

效百家之法荐"奢侈"

第 1 章

奢侈品品牌的营销渠道及创新

1.1 "渠道"的定义

"渠道"这一概念，最早出现于由 Jerry McCarthy（杰瑞·麦卡锡）教授在其《营销学》（*Marketing*，1960 年）一书里提出的"4P"营销理论中：产品（Product）、定价（Price）、渠道（Place）、促销（Promotion）。"渠道"是企业营销策划中重要的可控制环节，广义的定义是指把产品从生产者向消费者转移的一切通道和途径的集合。

而菲利普·科特勒，更是给营销"渠道"作了一个全面而严格的定义：那些配合起来生产、分销和消费某一生产者的某些货物或劳务的一整套所有企业和个人。也就是说，一个公司的完整营销渠道至少包括其产品或服务在供产销过程中所有的企业和个人，如原料供应商、制造企业、仓储物流企业、中间商、分销商、代理商、直营机构，以及最后的消费者或用户等。

为了更好地理解菲利普·科特勒对于"渠道"所给出的严格定义，以下诠释或许是一种更为直白的方式：为各大奢侈品牌供应有"软黄金"之称的开司米羊绒的企业或个人可称为"供应商渠道";为各大奢侈品牌代工生产服装、配饰等产品的加工企业可称为"制造商渠道";为各大奢侈品牌进行区域、国际配送或存储的服务商可称为"物流渠道";为各大奢侈品牌在全球各地进行分销、代理或直营的企业及个人可称为"销售渠道";而为各大奢侈品牌进行口碑传播的奢侈品消费者们则可称为"消费者渠道"。

当我们在感叹和猜想一个著名国际奢侈品牌,是如何创造仅由二十几位核心成员组成的团队完成每年几亿甚至十几亿欧元的全球销售神话时,他们对于以上各重要"渠道"要素的精细化管控或许可以给我们寻找答案的思路提供一个可靠的方向。

当然,受到可查询资料及笔者学识的限制,本书不会对以上所有"渠道"进行详细阐述,但会把笔墨重点放在"销售渠道"的论述上。另外,基于中国目前还没有真正意义上的本土奢侈品品牌这个事实,贸然多加谈论"产品""定价""促销"这3P要素也显得有些空洞。毕竟,目前中国企业能够涉足或参与到国际奢侈品品牌在华经营业务的主要要素,依然局限于"渠道"这一领域。而且对于"供应商渠道""制造商渠道"高度保密及垄断的奢侈品品牌而言,普通消费者日常能够接触到,并且完成实际消费行为的各大销售终端,也是我们可以分析"渠道"这一要素的最佳案例。

1.2 奢侈品品牌的传统销售渠道

按照分类方法不同,奢侈品的销售渠道可以从渠道方式和渠道类型两个方面来分析。

1.2.1 销售渠道的方式

首先，从销售渠道方式的角度来看，奢侈品品牌有以下几种销售方式。

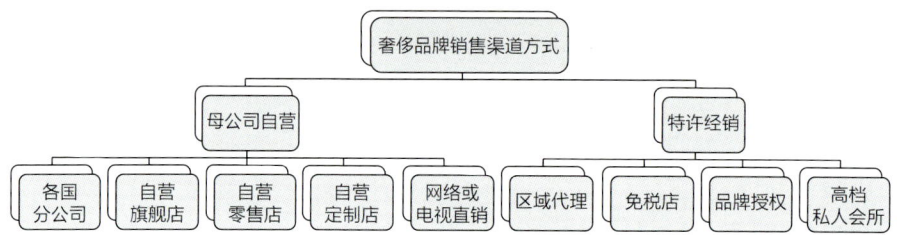

我们可以看到渠道方式各有不同，而且其实选择的背后也各有利弊。奢侈品牌应该根据自身发展战略的需要，结合企业自身条件与实力，针对目标市场的特殊环境采取相应的销售渠道方式。

1. 自营式销售渠道

就自营体系而言，其优点是：

（1）强有力的全球范围内的统一管理、标准化作业，不受外界条件的干扰；

（2）可在最短时间获得第一手销售数据、客户反馈等重要信息，避免中间环节产生的延滞和信息不准确性；

（3）全球范围内的快速反应，更好地组织生产、调动公司资源，并由于省去的中间沟通和流通环节，降低了综合成本。

而其相应的缺点是：

（1）需要自建渠道，对企业的人力、资金等实力要求较高；

（2）承担所有运营带来的风险，自负盈亏；

（3）进行全球范围的品牌扩张，仅凭一己之力，需要耗费更多的时间，而市场是从不等人的。

采取自营体系的奢侈品品牌不在少数，如Chanel、Hermès、Dior等国际一线品牌都是在自营的专卖店里完成各自每年令人艳羡的销售业绩的。消费者不论是在香榭丽舍大道、伦敦的新邦德街、东京的银座，还是在中国香港铜锣湾上的Hermès零售店，都能感受到Hermès全球统一的店面装修风格、服务品质以及购物体验。

2. 特许经营式销售渠道

作为间接销售方式的特许经营体系，根据品牌方向代理经营方授权程度的大小，在合同的制约下，又细分为区域代理、免税店、品牌授权这三种最常见的途径。

特许经营的特点是：

（1）品牌借助目标市场当地成熟的分销渠道，快速拓展品牌，占有市场，而品牌本身专注于产品研发与品牌管理；

（2）将一部分经营的风险和成本提前转化给中间商，提高经营效率。

相对应的缺点则是：

（1）中间商由于不能理解品牌诉求与价值或者追求个人利益，作出有害于品牌的行为，如随意调价、服务不符标准等；

（2）对层级的数据反馈及数据处理，增加了品牌统一运营及快速反应的时间和沟通成本。

我们常听说的全国总代理、区域总代理、省级总代理，就是在区域代理这一模式下根据授权程度产生的代理方式。像Zegna（杰尼亚）、Montblanc（万宝龙）等奢侈品牌在初入中国市场时，就采取了区域代理的经营方式。

免税店指由经营单位在特定国家及其海关总署批准的地点设立符合海关监管要求的销售场所和存放免税品的监管仓库，向规定的对象销售、供应免税品的商店。常见免税店主要有口岸免税店、机场免税店、运输工具免税店、外交人员免税店、出国人员外汇免税商店等。由于在免税店购物无须支付进口关税及当地消费税，对全球奢侈品爱好者具有极大吸引力，许多奢侈品品牌不得不提供免税店专供品以满足特定消费者的需求，从而缓解免税店给原价出售的零售店带来的竞争压力。全球著名的免税店有LVHM集团旗下的DFS环球免税店、Nuance集团、BAA英国机场管理公司等。

品牌授权则是奢侈品品牌公司在合同协议下将品牌的使用权授权给其他公司使用，由被授权公司自己负责建立相应销售渠道销售该品牌的产品，而品牌公司本身则负责品牌的控制与维护，以避免被授权方的不正当行为伤害品牌形象。品牌授权既能兴盛一个品牌，也能由于操作不当而毁掉一个品牌。皮尔·卡丹，相信是中国消费者再为熟悉不过的品牌之一了。最早于1978年，作为第一个把国际知名品牌带入中国的欧洲设计师，它曾用短短几年的时间将自己的同名品牌做成在中国乃至世界都炙手可热的奢侈品牌。但随着欲望的膨胀，其开始毫无限制地将这一品牌授权给全世界生产各种产品的公司。一方面，一些粗制滥造的产品极大地影响着"皮尔·卡丹"这个品牌的形象；另一方面，极其繁杂的产品品类，从拖鞋、手套、饰物、食品，到衣服、手包，凡是你能想到的东西，都被贴上了"皮尔·卡丹"的名字，原本喜爱这一品牌的消费者迷茫了，甚至愤慨了，因为他们不知道"皮尔·卡丹"到底是什么了。什么都是，就意味着什么都不是。皮尔·卡丹从此退出了国际时尚前沿的舞台。

3. 直营与特许经营的博弈

品牌直营与特许经营各有利弊，在品牌发展的不同阶段也扮演着不同的角色。面对中国这个世界第二大奢侈品消费市场，大多数奢侈品牌正以拓展门店的形式更加深入地进行市场渗透，而隐藏在开店风潮背后的，是奢侈品牌和代理商对于这块诱人市场开发权利的博弈。

从众多奢侈品牌初次介入某一区域市场的历史经验来看，完全依赖其自身的实力推广品牌充满了困难险阻。陌生的消费者、陌生的市场环境、陌生的法律及行政体系以及短缺的管理团队，都使得选择本地代理商成为一种合理而必然的方式。

Part 3
效百家之法荐"奢侈"

如果说，对于这些奢侈大牌来说，早年进入中国市场之时依赖本地代理商快速导入市场不过是权宜之计，特别是2004年以前，中国市场法规限制诸多，市场前景不明，使得大多数品牌选择通过寻找代理商转嫁风险，那么随着中国奢侈品消费额的逐年增长，以及奢侈大牌们对中国市场环境和规律的逐渐把握，如何"杯酒释兵权"以甩开代理商分享中国市场这块蛋糕，并集中控制力来自己全局经营品牌的中国之路，满足中国消费者们越来越挑剔的要求，就成了一场利益博弈的必经之路。

表面上看，随着市场竞争不断加剧、成本不断上涨，品牌商和代理商都很难脱离对方独自发展。代理商拥有充裕的资金、团队、关系等各类资源，却没有良好的品牌；而品牌商虽有好的品牌，却没有市场资源。但是品牌商与代理商的这种代理合作方式要想持续健康地维持下去，就不应再是过去那种野蛮和盲目性的，而是应该使得协议双方建立在一种社会责任感和世界价值观的体系下，使得品牌商与代理商的合作秉承互惠互利、各取所长、共同发展这一信念，才能让代理合作这条路走得更远更好。

其实，奢侈大牌选择自己做直营，最深层次的原因就是代理商经营不善，大大伤害了奢侈品牌们最为珍视的品牌形象。因为奢侈品牌和代理商利益出发点的最大区别是，前者是在追求品牌形象最大化的基础之上提高利润，后者是在追求短期利润最大化的基础之上利用品牌形象。因此尽管相辅相成，但奢侈品牌和代理商的利益博弈就从来没有停止过。

一位在代理商和奢侈品牌工作过的相关业内人士曾经透露，代理商往往代理多个奢侈品牌的相关事务，却只有一两位人员来管理旗下三十多个不同品牌的橱窗陈列；而在一个独立品牌如杰尼亚，就有二三十人的橱窗陈列团队，并且每个单店有一位指定的员工协助陈列专员打理店面形象。此外，一些奢侈品牌在本地生产之后，代理商便会直接向工厂拿货，当这些代理商代表的销售渠道的力量过于强大，和生产厂商关系过于紧密的时候，奢侈品牌便会失去控制力，这便引出许多灰色地带。奢侈品牌在中国对于知识产权保护能做的十分有限。

英国时尚品牌Jimmy Choo（周仰杰）首席执行官皮埃尔·丹尼斯说：中国的奢侈时尚消费者更加年轻，拥有的信息更广，与世界接触更多，且非常精明。收回中国市场的控制权能让我们进一步发展品牌和业务，更贴近消费者。2014年周仰杰便着手于收购分销合作商Kutu，接管了中国业务。

另外，从过去几年各大奢侈品牌在中国市场快刀斩乱麻的既成事实来看，这场博弈的胜负，似乎也已落锤定音。

奢侈品品牌收回国内代理权事件

2005年，杰尼亚在中国大肆投资直营店，并陆续停止了与代理商续约

2007年，阿玛尼在中国成立了独资公司，并宣布开设50家直营店的计划

2007年，万宝龙对国瑞信断货

2008年1月，万宝龙宣布收回上海国瑞信钟表有限公司代理权

2008年，蔻驰从代理商俊思集团手中收回中国零售业务

2008年，历峰集团旗下男装品牌登喜路逐步收回温州、宁波、杭州地区的代理权

2008年3月，法国梦特娇公司开始逐步收回部分产品的代理权

2008年9月，历峰集团旗下品牌Chloé宣布，由香港代理商I.T集团代理经营的店铺只剩下苏州一家

2009年，迪生创建宣布与服装品牌PoloRalphLauren的合作正式结束

2010年1月，路易威登在中国连开两店，拒绝代理

2010年2月，古驰在北京开出规模最大的直营旗舰店

2010年，TommyHilfiger宣布将迪生创建的代理权收归已有

2010年，英国男装品牌登喜路收回温州、宁波、杭州等地区的代理权

1.2.2 销售渠道的类型

从销售渠道类型的角度来看,奢侈品品牌有以下几种销售类型。

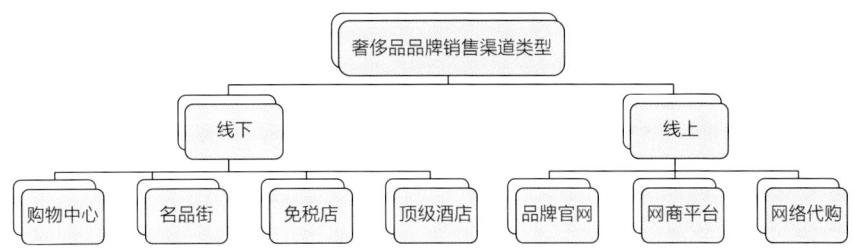

按照奢侈品牌销售渠道有无实体店铺和实体产品的分别,笔者整理出了线上、线下两类销售渠道。

1. 高端购物中心和名品街

作为彰显奢侈品牌国际高端地位及品牌尊贵形象的零售店铺,其商业地理位置一直是各大奢侈品牌不惜重金抢夺的重要资产。大型购物中心、名品街、高档酒店,不仅是社会精英人士汇聚的主要消费场所,也是奢侈品牌向目标消费者们传达品牌信息和品牌文化最有力的战场。精致奢华的店面设计、富丽堂皇的室内装饰、精湛工艺的产品组合、专业气质的服务人员,所有的一切,都只为让消费者从踏进店铺的那一刻起,就感受到品牌所营造的独特奢侈购物体验。

在巴黎留学期间,笔者有幸利用假期和周末游历了欧洲15个国家、超过40座城市,以下为大家介绍几处最为繁华而知名的高端购物中心和奢侈名品街。

法国巴黎蒙田大道 Avenue Montaigne

一提到法国巴黎最著名的购物街,想必浮现在大家脑海中的第一个画面一定是香榭丽舍大街(Champs-Elysées)。而殊不知,在巴黎人心目中,被全世界消费者所熟知的香榭丽舍大街,却只不过是一条可以买到耐克

（Nike）、珑骧（Longchamp）、法国鳄鱼（LaCoste）、萨拉（Zara）等基本时尚产品的普通购物街。

其实，与香榭丽舍大街交汇的蒙田大道才是世界顶级奢侈品品牌聚集的高级时尚腹地。从与香榭丽舍大街交汇处的古驰（Gucci）旗舰店开始，慢慢徜徉在斑驳树影交织下的蒙田大道，一个个精致的顶级时装品牌小屋便辉映在道路的两旁，从法国的香奈儿（Chanel）、迪奥（Dior）、路易威登（Louis Vuitton），西班牙的罗威（Loewe），再到意大利的华伦天奴（Valentino）、普拉达（Prada）和杜嘉班纳（Dolce & Gabbana），这里可以满足每一个爱美人士的奢华欲望。

在蒙田大道四分之三处的尽头，则是排名世界十大顶级酒店的雅典娜广场酒店（Hôtel Plaza-Athénée）。自1911年开业起，它便是汇聚世界名流、政要与富豪的标志性场所。而与它遥相呼应的，则是美丽的塞纳河对面的巴黎地标——埃菲尔铁塔了。

意大利罗马西班牙广场商圈 Piazza di Spagna

在被称为"永恒之城"的罗马,处处可见数千年历史沉淀下来的古迹遗址。罗马拥有众多的广场景点:威尼斯广场(Piazza Venezia)、沃纳沃广场(Piazza Navona)、人民广场(Piazza dei Popolo)等,西班牙广场却是这当中最负盛名的一个。这个以蒙太圣三一教堂为端点、依山而建阶梯形广场本身没有太多的亮点,却因《罗马假日》电影中奥黛丽·赫本在西班牙广场的台阶上吃冰淇淋邂逅男主角的桥段,成了风靡全球、家喻户晓的景点。

当然,除了身为著名的世界级景点,西班牙广场还是通往附近顶级品牌购物街道的绝佳中转点。孔多蒂街(Via dei Condotti)、博尔戈尼奥娜街(Via Borgognona)、费拉迪纳街(Via Frattina)等都聚集了众多世界顶级品牌的专卖店,如宝格丽(Bvlgari)、芬迪(Fendi)、乔治·阿玛尼(Giorgio Armani)、范思哲(Versace)等。

瑞士日内瓦隆和大街 Rue du Rhone

日内瓦是瑞士境内国际化程度最高的城市(这里有红十字会总部、世界卫生组织和联合国外事处等),也是瑞士第三大城市(第一大城市是苏黎世,首都为伯尔尼),它位于西欧最大的湖泊——日内瓦湖之畔,遥望法拉山和阿尔卑斯山。银行业和制表业是日内瓦的两大经济支柱，而一讲到腕表，想必这是许多到此旅游的游客购物清单中最为重要的一笔。

在连通老城区与隆河的隆和大街上，除了时装类顶级奢侈品品牌如爱马仕（Hermès）、登喜路（Dunhill）、麦丝玛拉（MaxMara）等，恐怕最具全球价格吸引力的便要数这些顶级腕表品牌了：爱彼（Piguet）、萧邦（Chopard）、伯爵（Piaget）、百达翡丽（Patek Philippe）、江诗丹顿（Vacheron Constantin）等。

奥地利维也纳煤市大街 Kohmarkt

笔者有幸在维也纳金色大厅聆听了2015年新年元旦后第一场音乐会，那金碧辉煌的殿堂、天籁之音般的弦乐至今仍可清晰地浮现眼前。作为世界音乐之都的维也纳，不仅继承了贝多芬、莫扎特和马勒等众多音乐家的古典主义音乐文化遗产，也保存了罗马帝国和奥匈帝国时代遗留下来不计其数的雄伟建筑。在这样一个充满文化与历史之美的悠久古城里畅游，真是别有一番风味。

位于老城的煤市大街，是维也纳首屈一指的奢侈品一条街。当夜幕降临，璀璨的灯光在古老的建筑上点亮一个个精致设计的品牌橱窗，仿佛另一个充满梦境的世界正在优雅地迎接你的到来。

Part 3　效百家之法荐"奢侈"

2. 线上渠道

一直以来，实体线下零售店铺都是各大奢侈品品牌完成每年全球骄人销售业绩的主要渠道。虽然目前奢侈品品牌也都开设了品牌官网，但主要是为了展示产品、传达品牌价值及文化，以及同消费者建立沟通与联系，对于销售起到的仅仅是辅助作用，将官网作为购物渠道的奢侈品牌凤毛麟角。然而，随着电子商务的发展、支付手段的更新，以及消费者消费习惯的改变，线下实体店铺的零售业态正受到越来越多的挑战，开展线上电子商务服务逐渐成为各大奢侈巨头不得不面临的一个新机遇和挑战。

2015年，由奢侈品权威研究机构——财富品质研究院在上海发布的年度《中国奢侈品报告》显示，2014—2015年奢侈品行业在中国的日子并不好过，传统奢侈品零售业态相继进入"关店模式"。2015年，这一比例更是高达83%，并且预计在2016年将会有95%以上的奢侈品牌选择策略性关店。事实确实如此，近几年来，普拉达（Prada）关闭了国内近1/3的门店，雨果博斯（Hugo Boss）也关闭了7家。而就在2015年11月中旬，路易威登（Louis Vuitton）宣布关闭3家在华门店，巴宝莉（Burberry）也将香港太古广场的双层旗舰店缩减为单层。当然，在中国市场的奢侈品牌近

年的大举关店行为有多方面的诱因，除了国内宏观经济下调、居民消费能力走弱、奢侈品品牌老客户流失速度大于新客户增加速度等原因以外，国内提倡节约、遏制高端消费等政策也是重要推手。

另外，就算各大奢侈品牌自己不开设线上电子商务交易渠道，第三方电子商务购物平台也在顺应市场及消费者的需求，大幅度地提供网络代购等服务。2015年上半年，多家国内奢侈品电商相继获得大额融资，市场一度活跃。只不过《中国奢侈品报告》针对高净值人群的调研显示，如果选择网购渠道，只有4%的中国消费者愿意选择本土奢侈品电商，而愿意选择奢侈品牌官网和国外奢侈品电商的比例分别为44%和27%。这也可以看出，并不是走互联网销售平台的路径就可以随便取代传统实体零售业态，关键是如何保证货品来源的真实性、货品质量的可靠性，并合理保护和保证消费者的正当权益。

时代是发展的，消费者是变化的，不变的是怎样用不断创新的思维和手段牢牢把握住手中的市场。奢侈品牌要想在变革的时代中，再创辉煌，永保国际地位，踏上电子商务交易之路，只是时间问题。

1.3 奢侈品品牌销售渠道创新的进程

1.3.1 渠道创新的前奏

对于中国，这个国际奢侈品牌纷纷寄予厚望的消费市场来说，它的渠道电商化元年仅仅是几年之前的2011年。拥有3C品类优势的京东商城，强势扩张到图书品类，引发和当当网的口水仗；苏宁易购在电商业务全力开展仅两年不到的背景下，也高调进行全品类扩张；当当网则持续加大百货商品的投入力度。垂直电商们也不甘示弱，从酒类的酒仙网、化妆品的乐蜂网、鞋类的乐淘和好乐买、箱包类的麦包包、运动品类的酷运动和西街网，到家居类的空间网。

电子商务正以洪水猛兽般的气势挑战着传统商品门店零售业态的格局，也以星火燎原式的模式让越来越多的中国消费者改变着传统的购物模式。而随着中国综合国力的增强，居民平均收入及消费水平的提高，越来越多的奢侈品品牌也已经被纳入中国消费者的头等购物清单。

当国际奢侈品品牌纷纷向中国消费者投怀送抱，并主动踏上中国这块肥沃的大地时，他们面临的是世界范围内的网购浪潮和奢侈品代购，以及被电商培育过的更加年轻化的，"门店比货、网上下单"的精明的中国消费者。

更加始料未及的是，近年中国政府提倡的建立"节约型社会"，也让在中国市场的奢侈品品牌销售大幅下滑，增长大幅放缓。根据咨询公司贝恩（Bain）于2015年1月发布的《2014年中国奢侈品市场研究报告》，2014年中国内地奢侈品市场增速呈现1%的负增长，这也是继从2011年30%的增长大幅缓降为2012年的7%、2013年的2%之后，首次出现的负增长。这也可以从侧面解读出中国政府建立"节约型社会"的落实与推进对"奢侈品馈赠风潮"产生了持续而深远的影响，并且中国经济增速的放缓进一步加剧了这一现象。

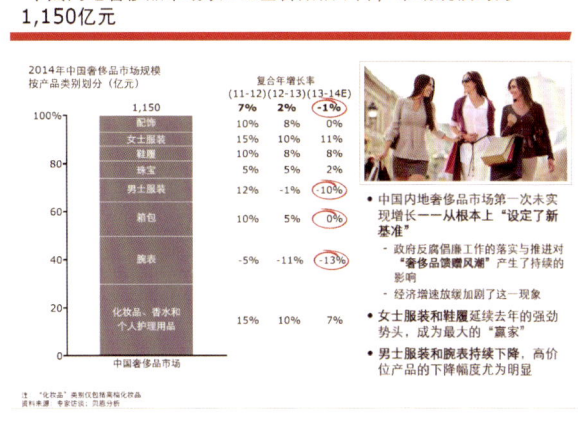

资料来源：贝恩咨询《2014年中国奢侈品市场研究报告》

面对冷清萧瑟的奢侈品门店，以及高昂的店面成本，奢侈品品牌拓展销售渠道显得更加势在必行。

1.3.2 从 4P-4C-4R 看"渠道"创新的趋势

1. 从 4P 到 4C

4P：产品（Product）、定价（Price）、渠道（Place）、促销（Promotion）营销策略作为市场营销过程中可以控制的因素，已经被各大奢侈品牌运用到了极致。但在如今消费者与市场导向更为明显的竞争环境下，或许高傲的奢侈品牌应该考虑站在消费者的角度，从以企业本身为出发点的 4P 营销策略，转向以消费者需求为导向的 4C 营销策略，开启"渠道"的创新之路。

4C 是 1990 年美国学者罗伯特·劳特朋（Robert Lauterborn）教授在其《4P 退休 4C 登场》（*New Marketing Litany*：*Four Ps Passé*：*C-Words Take Over*）专文中提出的与传统营销的 4P 相对应的营销理论。4C 分别指代 Customer（顾客）、Cost（成本）、Convenience（便利）和 Communication（沟通），它重新设定了市场营销组合的四个基本要素：瞄准消费者的需求和期望。

Convenience（便利）指购买的方便性。比之传统的营销渠道，新的观念更重视服务环节，在销售过程中强调为顾客提供便利，让顾客既购买到商品，又享受到便利。企业要深入了解不同的消费者有哪些不同的购买方式和偏好，把便利原则贯穿于营销活动的全过程，售前做好服务，及时向消费者提供关于产品的性能、质量、价格、使用方法和效果的准确信息。售后应重视信息反馈和追踪调查，及时处理和答复顾客意见，对有问题的商品主动退换，对使用故障积极提供维修方便，大件商品甚至终身保修。

显而易见地，互联网的发展、网络购物及海外代购的兴起，无不给奢侈品消费者的购买模式带来了更多选择性和便利性。如何尊重消费者的选择、如何满足消费者的需求，是奢侈品牌必须重新研究的课题。

财富品质研究院发布的《2014年中国奢侈品报告》显示，2014年中国人买走了全球46%的奢侈品，消费额高达1060亿美元（约合6400多亿元人民币），是全球奢侈品市场无可争议的最大买家。不过值得关注的是，这1060亿美元的全球消费额中，只有250亿美元发生在中国境内，仅为全球消费额的24.5%，同比上一年下滑11%。而相对应地，中国消费者的境外消费却进一步加强。报告中称，2014年中国出境旅游人数连续第五年以20%左右的速度增长，中国出境游人数由2010年的5300多万人增长到2014年的1.17亿人，且人均境外购物消费达632美元，为全球最高，并主要是以奢侈品消费为主，而且这一趋势还将继续走强。深挖这种趋势的背后原因，国内假货横行，国内外产品价格差异大、款式更新进度有延迟和限制，出境成本更低廉和方式更便捷等都是助推因素。

与之相对应的是，我们也看到在华各奢侈品品牌开始在中国市场应用最为广泛的社交媒体上进行品牌的营销活动，以增强与国内消费者的互动和黏度。2015年12月，瑞士奢侈品研究咨询机构Digital Luxury Group在上海浦东四季酒店内举办了其第十一届Luxury Society峰会，主题为"论接触全球中国奢侈品消费者"，即如何运用恰当的营销手段赢得中国消费者。会议邀请了一系列客座嘉宾及150位亚太地区奢侈品领域专家，全方位数据分析探讨与中国奢侈品消费者接触的最佳途径，并发布了《奢侈品牌微信公众号研究数据报告》。报告显示，2015年中国微信每日平均拥有5.7亿在线活跃用户，在一线城市微信的渗透率达到了90%。而在报告调研的70个奢侈品品牌中，也已有90%的品牌拥有自己的微信官方账号。但是微信平台作为一个相对封闭的社交平台，奢侈品品牌的营销信息需要消费者的不断转发才能达到广泛的传播效应，目前来看，效果并不是很理想。在微信这样的熟人社交平台上，消费者不会轻易和盲目地关注一个品牌，除非他们喜欢这个品牌，或者是这个品牌的某个元素吸引到了他们，一旦选择关注，品牌就更容易获得这类消费者的簇拥。

因此，在微信平台的营销策略和营销内容，对于各奢侈品牌来说，显得要更为谨慎。例如，报告指出品牌信息推出的节奏和数量很重要，频繁和大量的信息推送不仅不能获得更多消费者的互动，反而可能会弄巧成拙。另外，向合适的人群，在合适的时间，推送合适的内容，也是非常关键的营销策略。例如，MaxMara 在 2015 年冬季北方第一场降雪的时候向它的 3000 位订阅用户推送新款毛绒大衣的广告内容，想必就要比在暖冬的南方城市向 3 万名普通微信用户推送广告的效果来得更有效率和精准吧。

2. 从 4C 到 4R

虽然 4C 营销理论以消费者需求为导向，但从企业的营销实践和市场发展的趋势看，4C 营销理论依然存在自身的一些缺陷。

（1）4C 营销理论是顾客导向，而不是市场经济要求的竞争导向。顾客导向与市场竞争导向的本质区别是：前者看到的是新的顾客需求；后者不仅看到了需求，还更多地注意到了竞争对手，冷静分析自身在竞争中的优、劣势并采取相应的策略，在竞争中求发展。

（2）4C 营销理论在强调以顾客需求为导向的时候却没有结合企业的实际情况，因为顾客需求有个合理性问题。顾客总是希望质量好，价格低，特别是在价格上要求是无界限的。只看到满足顾客需求的一面，企业必然付出更大的成本，久而久之，会影响企业的发展。所以从长远看，企业经营要遵循双赢的原则，这是 4C 需要进一步解决的问题。

（3）4C 营销理论仍然没有体现既赢得客户，又长期地拥有客户的关系的营销思想，被动适应顾客需求的色彩较浓，没有解决满足顾客需求的操作性问题，如提供集成解决方案、快速反应等。

2001 年，美国的唐·E. 舒尔茨（Don E Schultz），又提出了关系（Relationship）、反应（Reaction）、关联（Relevancy）和报酬（Rewards）的 4R 营销理论，"侧重于用更有效的方式在企业和客户之间建立起有别于传统的新型关系"。

4R营销理论主动地创造需求，运用优化和系统的思想去整合营销，通过关联、关系、反应等形式与客户形成独特的关系，把企业与客户联系在一起，形成竞争优势。4R营销理论追求回报，因此企业必然实施低成本战略，充分考虑顾客愿意付出的成本，实现成本的最小化，并在此基础上获得更多的市场份额，形成规模效益。这样，企业为顾客提供价值和追求回报相辅相成、相互促进，客观上达到的是一种双赢的效果。

那么，让我们来看看各大奢侈品牌的"渠道"整合之旅吧。10年前，人们只关注路易威登、古弛等奢侈品牌的皮具；5年前，人们开始消费这些大品牌的服饰；而今天，真正的奢侈品消费阶层喝的是路易威登的咖啡，吃的是普拉达的甜点，住的是范思哲的酒店。以往，奢侈集团或品牌收购的往往是同品类品牌，如服装和配饰；而如今，奢侈品牌收购的触角已经延伸到生活的方方面面。爱马仕在韩国首尔开设了一家从建筑格调到产品细节都充满品牌烙印的咖啡店；古弛在意大利佛罗伦萨、日本东京、中国上海也开设了同品牌咖啡店；香奈儿在日本东京拥有一家名为Beige的餐厅；此外，范思哲、宝格丽、阿玛尼等品牌分别在澳大利亚黄金海岸、巴厘岛和迪拜等知名度假圣地开设酒店。

奢侈品大牌们的精妙手法无不完美地诠释着科特勒给以"渠道"的严格定义：一个公司的"完整营销渠道"包括其产品或服务在供产销过程中所有的企业和个人。

当高端消费者已经不再满足于仅购买皮具和服饰产品，而是需要更完整的生活配套服务。奢侈品牌就通过关联、关系、反应等形式充分满足顾客未被满足的需求，甚至帮助顾客创造需求。如今，范思哲和爱马仕也纷纷扩大家居系列产品，表示希望消费者可以完成一站式购物。奢侈品牌似乎正在传递一种信号，即真正的奢侈品消费者不应该只是购买穿戴产品，还应该延伸到家居生活的各个领域。

当然4R策略也有缺陷，它要求同顾客建立关联，需要实力基础或某些特殊条件，并不是所有的企业可以轻易做到的。

1.3.3 "线上"与"线下"的博弈论

在全球互联网浪潮将传统实体零售店铺网络虚拟化、将消费者购物体验及支付手段电子化的时候,绝大多数奢侈品品牌还沉浸在零售店服务与零售店交易的"线下"经营这个固有模式里面。可能,不论是各奢侈品牌的掌舵人,还是奢侈品行业的研究者与从业人员,都还对"奢侈品是一个不同于普通时尚商品的产业""线上与线下会导致顾客分流,是个顾此失彼的零和游戏""电子商务会使奢侈品消费体验大打折扣,是与奢侈内涵相违背的"诸如此类的观点不可自拔吧。

而事实上,"线上"与"线下"的博弈早就不是什么新鲜事儿了。

当互联网赋予了我们新的"时代精神"——创新、开放、共享,中国的电商从业者们倒是以实际行动给了我们一个绝佳的诠释。

京东首席执行官刘强东曾说"在不同的渠道为不同的顾客提供不同的服务,这本来就是商品经济学的基本原理",因此线上与线下的冲突,这句话本身就是一个伪命题。有时间、注重购物体验的顾客去实体店消费,缺少时间、对商品了解、注重便捷的顾客在网上完成订单交易。品牌为具有不同消费行为的顾客提供对应的交易渠道,增加了收入范围,实际上也相当于扩大了市场占有率。毕竟,同时拥有"线上"与"线下"的顾客,并不等同于将"左口袋"的钱放到了"右口袋"。谁都不能规定同一个顾客在实体店买了东西,回头又在网上购买了该品牌的其他产品;反之亦然。

优曼家纺,这家创立于2011年,销售额从2012年的3000多万元人民币猛增长到2013年的10多亿元人民币的中国中高端家纺品牌,就是一个将家纺零售生意搬到互联网的典型成功企业案例。获得斯坦福大学MBA学位的女创始人冯轶说:"每个渠道的人群都有很大的差异,我更关注的是我的产品是否适合不同的渠道以及不同的人群。深度挖掘不同渠道上的用户需求,是我们成功的法宝。"优曼家纺从创立之日起,就通过全网 B2C 渠道做销售；官方网站只是做品牌展示和方便用户体验而已。用冯轶的话来说，她们是"做自有品牌，却不自建渠道"。她们还针对不同的渠道，采用了多品牌战略。现有几个品牌分别针对不同年龄段、不同风格和不同口味的人群。当然，价格也有所区分。例如，天猫的用户基数大，且顾客年轻化，因此与之对应的"唯萨"品牌是重点；而京东上的顾客以"70 后"居多，因此"优曼"品牌是重点。

如今在中国市场可以见到的事实是，很多服饰品牌都带有浓厚的互联网基因，他们都是在 B2C 或 B2B 平台上成功发酵的。但所有的互联网品牌都要面对一个残酷的事实是，做品牌是个很漫长的过程，需要从原料、产品、营销到品牌文化内涵逐一实现。这其中，做好产品、质量有保证，又是做好品牌的基础核心。所以，在今天飞速成长的互联网行业里，做好"品牌"，注定了是一个漫长而痛苦的过程。

话已至此，再回过头来看看奢侈品牌。历史悠久的国际品牌、世界一流的工艺品质、积淀丰厚的品牌文化、精神崇拜般的消费群体，这一系列要素都是新兴互联网企业所梦寐以求，却求之不得的"品牌基因"。奢侈品牌的"线上"之路真的就那么"不敢越雷池一步"吗？

1.3.4 巴宝莉 Burberry 入驻天猫

2014 年 4 月底，英国著名奢侈品品牌巴宝莉（Burberry）成功入驻中国阿里巴巴集团旗下的天猫网上商城，成为首家在中国本土 B2C 网店上开业的顶级奢侈品牌。Burberry 的销售模式一直在所有老牌奢侈品中独占鳌头，官方网站上推出的在线销售模式开创了销售市场的先河。不断挖掘新路，是新上任的 CEO 兼设计总监 Christopher Bailey 的宗旨。在上海最新旗舰店中首次试用无线射频识别技术（RFID），通过植入特定服装和配饰中的数码芯片，可将有关该商品的多媒体内容展现给顾客就是一次突破，此次更是另辟蹊径转站天猫，不仅给鱼龙混杂的网店销售带来了更大的冲击，也给那些挚爱 Burberry 的人们带来了新鲜的购物体验。

Burberry的做法与传统奢侈品品牌对于互联网的惯有认识大相径庭：传统认为海量的、聚众的信息传播与奢侈品所追求的小众享受是水火不相容，从更广泛的意义上说，是高科技与手工艺之间的矛盾。不过，行业的发展似乎正挑战着上述传统理念。谈及互联网未来与奢侈品的关系，更多人认为：奢侈品起初有些惧怕互联网，但互联网并不会消失，只会与我们更加紧密。

当然，Burberry的这些举动也绝不是空穴来风。2014年4月26日，在上海新开设的亚洲最大旗舰店，Burberry亚太区首席执行官Pascal Perrier先生透露，在2013财年，Burberry大约30％的总零售和批发收入来自全球的中国消费者。而中国消费者，已经是被本土以淘宝、京东、当当网为首的电商精心培育了10来年的成熟互联网消费者。看来，尊重市场、重视消费者，才是奢侈品牌保证销售业绩的重要天条。

在这次网商与品牌商的合盟进程中，一方面天猫意图通过Burberry的品牌名气提升平台的形象以及打造在奢侈品领域的基础；另一方面Burberry也意图最终把天猫上的流量转化成品牌自身的流量，应该说是件两全其美的事情。但从"渠道"的角度来看，奢侈品牌和网商渠道的合作，与奢侈品牌和特许经销商渠道的合作，有异曲同工之妙。不同的只是渠道平台从传统经销商的"线下"，搬到了网商的"线上"。

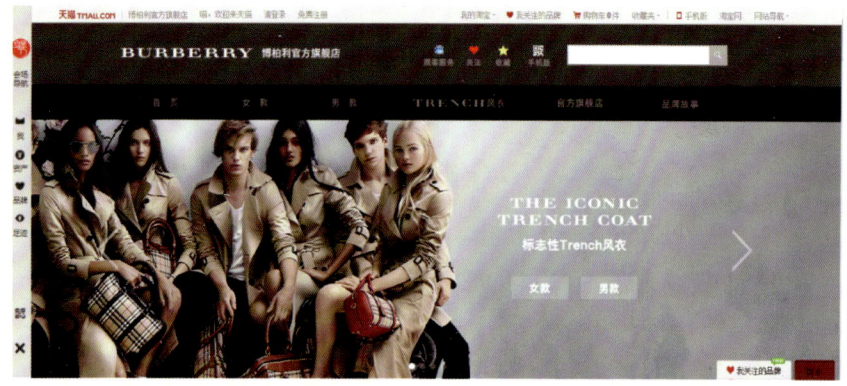

无独有偶，再让我们来回顾下网购浪潮下的奢侈品牌们的"线上"之路。2010年11月底，继建设传统门店渠道之外，Giorgio Armani公司宣布

在中国地区推出电子商务渠道emporioarmani.cn，这是首个在中国推出线上商店的高端奢侈品牌。与此同时宣布登陆中国的还有Yoox集团，这家售卖全球奢侈品牌的网络零售商，运营着23个单一品牌的官方旗舰店和2个多品牌在线商店，emporioarmani.cn便是其中之一。大品牌网店试水中国市场，很大程度源自中国奢侈品消费者的年轻化趋势。根据麦肯锡的统计，中国奢侈品消费不同于其他市场的最突出特征，就是年龄：73%的中国奢侈品消费者不到45岁，而这个比例在美国只有50%多一点。其中，中国35岁以下的奢侈品消费者的比例达45%，而在西欧，这一数字仅为28%。基于这一庞大市场，Gucci、Velentino等品牌也屈尊降贵出现在iPad可以下载的APP软件，而LV的身影则出现在了新浪微博上。

当然，除了网购浪潮，中国还正兴起一股奢侈品海外代购热潮。英国《金融时报》报道说，据估计，目前有好几十万人在从事代购业务。在阿里巴巴（Alibaba）旗下网站淘宝（Taobao）上搜索"代购"一词，会显示出超过24万个网络店铺以及近1500万种商品，从儿童汽车座椅、空气净化器到便携式打印机无所不包。淘宝是中国最大的在线交易平台。中国电子商务研究中心表示，代购市场在2008—2012年增长了19倍，规模达到了480亿元人民币，2013年代购市场继续增长，规模达到了740亿元人民币（合120亿美元）。另据贝恩公司称，约有60%的中国奢侈品消费者曾经使用过代购服务。

与海外代购相伴的，还有成规模的中国出境游购物。根据毕马威的调查，71%的受访者称2012年他们有出境游的经历，回到2008年，这一比例为53%。这些出境旅游的人群中，72%表示他们购买了更多手袋、化妆品以及手表等其他高端奢侈品品牌。

让我们一起期待更多的奢侈品牌像Burberry一样，迈出他们的中国网店之路，相信最终受益的绝不仅仅是消费者。

1.4 奢侈品品牌销售渠道创新的展望

既然是要在销售渠道上进行创新,那么一切法则皆围绕着"渠道"二字来展开。让我们再来回顾一下菲利普·科特勒给营销"渠道"作出的定义:那些配合起来生产、分销和消费某一生产者的某些货物或劳务的一整套所有企业和个人。

显而易见的是,"销售渠道"是关乎分销和消费的环节。前面我们已经较为详细地阐述了奢侈品行业较为常见的"分销"渠道。但似乎我们很多人都忽略了,奢侈品"消费者"本身,这个庞大的"渠道"。他们是流动的,他们既极度分散又紧密联系,他们是奢侈品一切的根源和终点。他们身上蕴藏着极大的"渠道"潜力。

从某个角度来讲,"渠道"需要完成"承载与传递信息""运输与存储产品""产生消费者关联""创造需求和完成交易"等主要商业任务。不论是实体零售店、特许经销商,还是品牌网上商店,它们的存在都无不体现着以上使命。那么"消费者渠道"如何体现它的价值呢?

目光还要再回到互联网技术上。如果说 PC(个人电脑)端的"线上互联"网商平台革了"线下实体"零售店铺的命,那么在可以预见的未来几年,以手机终端为核心的"移动互联"平台将再次挑战"PC 互联"的阵营。根据中国互联网络信息中心(China Internet Network Information Center,CNNIC)的数据报告,截至 2013 年 12 月,中国手机网民规模达到了 5 亿,年增长率为 19.1%,继续保持上网第一大终端的地位。互联网用户中,使用手机上网的人群比例由 2012 年底的 74.5% 提升至 81.0%,远高于其他设备上网的网民比例,手机依然是中国网民增长的主要驱动力。

想想我们是如何通过手机进行品牌的口碑传播的吧,想想我们是如何通过二维码的扫描完成品牌信息的关注和获取的吧,想想我们是如何便捷地通过购物软件以及手机支付系统快速订购一件商品的吧。我们如今不需走上街头的奢侈品店,甚至不需待在家中或者网吧的电脑前,只需要随时随地拿起手中的智能手机,弹指之间就可以完成心仪商品的购买交易。不论是伦敦街头的时尚达人、巴黎时装周上的新品发布,还是某一奢侈品牌在某一城市的产品信息,一位高档写字楼里的精英白领都可以在早茶休息时的10分钟里通过手中4英寸左右的屏幕得到答案,并且在优雅的几次敲击之后,将品牌信息分享给了几百千米以外另一座城市里同为精英人群的朋友。一切就是这么简单和自然。

当我们在抱怨如今"PC互联"端爆炸的品牌信息的时候,充斥在iOS、Android系统等智能手机上的购物应用,早就以碎片化的形式占据了消费者的大脑,再次改变了消费者的购物方式以及品牌忠诚度。"移动互联"带给整个奢侈品行业,以及奢侈品消费者的影响是如此深刻而迅速,就像一场没有硝烟的战场,以至于我们都还没有察觉到它的到来,一切又再次发生改变了。

当然,目前手机端关于奢侈品购物类的应用软件,由于受到金融支付安全、信息技术、网络稳定性、虚假信息及不诚信守法等因素影响,还未能进入成熟的普及阶段。但就像PC端线上业务的到来一样,随着互联网技术的发展与应用,移动互联时代一定会造就属于它自己的奇迹。

2014年iOS系统中国本土时尚、奢侈品购物APP

名字	爱丽奢	寺库	掌上美西	模都市场	尚品网	92奢侈品	中国奢侈品平台	爱奢侈	大牌秀
类别	购物	购物	购物	购物	资讯、购物	资讯、购物	交易	二手交易	二手交易
收费	免费	免费	免费	免费	免费	免费	免费	免费	免费

1.4.1 欧莱雅移动电商的微信之路

2012年8月,欧莱雅集团中国公司首次在手机终端平台推出"小美盒"(My Beauty Box),即一个一个专注于顶级护肤品试用的私人礼盒。与欧莱雅集团旗下的大众化产品营销模式不同的是，欧莱雅小美盒采用的是"私人定制"服务。即每月推出一个"主题小美盒"，且仅限在本月订购，超过这个时间"主题"内的商品就会下架。这给消费者营造了一种"机不可失、失不再来"的限量版体验，"绑架"了爱美女生的占有欲和好奇心，增加了对品牌的黏度。

所谓"外行看热闹，内行看门道"，小美盒的推出，使移动电商领域的专业人士敏感地意识到，这个能够在线购买定制化化妆品套餐的服务号并非简单的客服端口，而是结合了产品策划、营销、客服、在线支付以及供应链为一体的综合解决方案，在其背后隐藏的是欧莱雅"觊觎"移动电商的决心。其实，在新媒体时代下，一场数字化革命早已在欧莱雅集团全面铺开。欧莱雅中国提出了"SOLOMOCO"的目标，即更加社交化（Social）、本土化（Local）、移动化（Mobile）和电子商务（Commercial）。而微信支付功能的开通使得上述SOLOMOCO构想成为现实。

事实上像欧莱雅这样的大型跨国化妆品巨头将战略布局发力于移动互联平台，并不是凭空的突发奇想。随着移动终端超过PC电脑成为消费者主流的互联网浏览工具，移动电商占领主流网购人群的趋势日益明显。市场研究机构IDC预测，2015年，全球移动上网人数将超过PC。

另外，IT技术的发展给移动互联业务的实现提供了强有力的保障。比如，2013年11月微信更新了公众平台，向服务号开放微信认证，并开放了九大高级接口，增加了开发者问答系统。这九大接口分别是语音识别接口、客服接口、OAuth2.0网页授权接口、生成带参数的二维码接口、获取用户地理位置接口、获取用户基本信息接口、获取关注者列表接口、用户分组接口、上传下载多媒体文件接口。小美盒在微信平台的操作模式是"关注账户>选择商品>在线下单>网上支付（或者货到付款）>验收商品"。这实际上打造了一个O2O的购物闭环。但在这一条看起来简单清晰的逻辑链条背后又暗藏着复杂的信息流及物流处理过程。

从客户关注欧莱雅小美盒服务号之时，欧莱雅的CRM系统就已经启动，系统自动分析，这位客户是老客户，还是新客户；如果是老客户，他（她）的购买频率怎么样，会员积分如何，是不是忠诚客户等。然后当消费者通过微信服务号订购一款商品时，系统会利用微信服务号提供的"获取用户地理位置接口"，自动获取消费者基本信息，从而提供可选择的送货地址。与此同时，欧莱雅的供应链管理系统启动，它会根据用户的收货地址选择离他最近的配送中心准备商品，并且协调第三方物流公司进行发货准备。当订单生成，消费者可以选择通过微信支付或者货到付款。最后就是消费者等待私人订制的精美化妆品套餐到达他们的手中，享受小美盒许给他们的惊喜和承诺，同时也完成这次O2O购物的闭环。

1.4.2　百年爱马仕的新世纪数字化营销之路

在奢侈品品牌的营销套路里，四大国际时装周的"T台营销"才是维系品牌市场地位的主流战场，它的营销逻辑是以T台中心对全球各地应邀而来的杂志主编、顶级买手、超级VIP、知名摄影师进行小众的现场第一视觉的宣传，而后依赖主流时尚杂志纸媒和电视、网络媒体等对全球受众人群进行品牌宣传。而如今互联网，特别是移动互联网时代的到来，各种线上媒体开始无孔不入地占据人们碎片化的日常生活，迫使奢侈品品牌们不得不开始关注自家的数字化营销战略。

对于奢侈品品牌来说，产品的购物体验是一个非常重要的命题。如果是在传统实体店，精致陈列的视觉体验、购物过程中高端贴心的服务体验、产品完美质感的触碰、试穿体验都给奢侈品牌们提供了可以大做文章的空间和机会，那么在虚拟的线上，数字化营销层面，奢侈品大牌们又该如何去把控和创造消费者的感官体验呢？要知道，数字化营销作为品牌文化和价值内涵的传播手段，更好地与消费者互动，与消费者产生更强有力的联系，并最终把消费者带回线下实体店完成终端消费，可是这场昂贵营销活动的终极目标呀。

2013年9月，爱马仕发布了一款名为"锦绣梦想"（Hermès Silk Knot）

的女士丝巾搭配APP，该APP通过图片与视屏的方式，一步步与消费者分享爱马仕18种丝巾系法，并讲解有关丝巾的知识与搭配方法。每季新品发布，APP还会推送更新鲜的穿搭创意，让丝巾的使用不再单调乏味。而在线下，爱马仕则在中国区开办了"锦绣梦想"的同名丝巾展，消息一经传出，凡是接触过手机APP的爱马仕关注者就很可能有更大的兴趣去体验产品，亲手触摸产品，并最终进行消费。

2014年7月，爱马仕又针对其全球男士用户推出了男士领带搭配APP"领间趣志"（Hermès Tie Break）。这款APP在分享男士领带优雅系法、领带收藏指南的同时，更是引入了有趣的漫画、动画和游戏来增强与消费者的互动。

2014年10月，爱马仕又推出了虚拟概念网上商店——"霓彩丝邸"（La Maison desCarrés.com），并在欧洲、亚洲和北美洲等27个国家上线。这个由设计师皮埃尔·玛丽按照经典爱马仕风格设计的网店借助线条插画画风呈现了一栋法式建筑，将离奇梦幻的场景和实体店体验结合。在这栋高层建筑里，"游客"可以像现实中的顾客那样去参观和探索不同的房间，这种身临其境的体验在带来有趣、温馨和惊喜之余，更重要的是展示了爱马仕超过600种不同的方巾、披肩、斜纹织物和围巾等，"游客"仅需三步就能完成线上购买。

我们可以看出，在数字营销的领域，爱马仕并没有用降价、推送广告等老套手段去一味地迎合消费者，而是抓住移动互联时代，消费者使用手机的应用习惯，将品牌的营销工作以一种更为优雅、有趣而又充满创意的方式，通过手机及应用软件植入消费者的日常生活，而这一系列的营销手段背后的核心，又都是以产品为核心的。

1.5 中国视角之"电商的C2B之梦"

1.5.1 梦想的摇篮——中国的城市化进程

研究过中国市场营销的人可能都知道中国市场独特的"城市-农村"二元经济结构：城市经济以现代化的大工业生产为主，而农村经济以典型的小农经济为主；城市的道路、通信、卫生和教育等基础设施发达，而农村的基础设施落后；城市的人均消费水平远远高于农村；相对于城市，农村人口众多等。这些状态是中国作为一个发展中国家在经济结构上面临的突出矛盾。

解决和突破这一矛盾的根本出路在于发展农村经济的基础上走农村城市化道路，实现城乡良性互动，逐步减少农村人口，转移农村剩余劳动力，增加城镇人口，转变生产增长方式，提高劳动生产率，优化第一产业结构，促进第二、第三产业的发展，从而提高农村整体的经济效益和社会效益。所以，城市化成为解决我国二元经济结构矛盾的根本出路。

根据《中国新型城市化报告2012》的叙述，新中国的城市化发展历程迄今大致包括以下几个阶段。

（1）1949—1957年是城市化起步阶段，城市化率平缓上升；

（2）1958—1965年是动荡期，城市化进程曲折发展；

（3）1966—1978年基本是停滞期；

（4）1978—1984年是恢复发展期；

（5）1985—1991年是稳步发展期；

（6）1992年以后是快速发展期。

2013年7月2日，由中国国际城市化发展战略研究委员会在北京发布的《2011年中国城市化率调查报告》称，2011年全国总人口为13.56亿，其中非农人口4.7亿，户籍城市化率为34.71%，上海、北京、天津分别以89.32%、79.36%、61.5%排名前三。

与城市化进程、基础建设、硬件设施升级配套的是中国互联网的发展，以及不断增加的城市人口对于互联网的应用。

1.5.2 梦想的平台——中国的互联网发展进程

美国人在20世纪60年代末发明了计算机网络，当时主要目的是用于传递军事信息。经过十多年的技术发展，在80年代中期建立了互联网。而我国第一次使用互联网则是在1987年9月14日21时07分，从北京计算机应用技术研究所发往德国的一封内容为"Across the Great Wall we can reach every corner in the world.（越过长城，走向世界）"的电子邮件。直到1994年4月20日，中国正式接入国际互联网，实现了Internet的全功能链接，从此才真正揭开了中国人使用互联网的序幕。

进入新千年，新浪、网易、搜狐三大门户网站开始引领中国网民全面进入互联世界；2005年，搜索领域的百度、电子商务领域的阿里巴巴、网游领域的盛大、社交领域的微博等互联网站将人们带入互联新媒体时代。根据CNNIC的数据报告，截至2013年12月，中国网民规模达到6.18亿，互联网普及率为45.8%；而手机网民规模则达到了5亿，年增长率为19.1%，继续保持上网第一大终端的地位。

（资料来源：第33次《中国互联网络发展状况统计报告》）

1.5.3 梦想的步伐——从B2B到B2C

中国的品牌塑造模式与西方品牌塑造模式，有着根本的不同：中国是实体品牌（以性价比和渠道终端为核心的品牌），国外是虚拟品牌（以产品研发和虚拟价值观、附加值为核心的品牌）。

当西方奢侈品品牌凭借悠久的品牌历史、精湛的手工工艺、顶尖的设计理念进入中国市场时，在城市化进程中先富裕起来、渴望高质量生活水平的那部分社会精英，被迅速地征服了。与此同时，中国仅有的一些知名服装企业还身处渠道扩张、价格战的恶斗之中。而真实的结果是，中国并没有因此孕育出本土的奢侈品品牌参与到中国奢侈品行业这10年左右精彩的盛宴中。倒是被国际奢侈品品牌借助为产品营销"渠道"的中国电商们，逐渐扮演起更为重要的角色。

以阿里巴巴为代表的B2B（Business-to-Business，企业对企业）商业模式，为奢侈品原材料采购和交易的网络化开创了先河。天猫商城、京东商城、当当网等B2C（Business-to-Customer，企业对个人）电商巨头，拓展全品类百货的模式，为奢侈品走上线上，提供了可实施的蓝本。但更为重要的是，B2C模式培育了中国消费者的网购消费习惯、促成了相关网络监管法律法规的健全、整合了线下庞大的物流仓储系统、打通了线上金融支付手段等一系列B2C相关生态系统。

如果没有天猫商场的庞大用户基数、安全的支付宝线上交易手段、发达的第三方物流体系，相信Burberry也不会作为第一家奢侈品品牌，布局这个中国最大的B2C平台。

1.5.4 梦想的步伐——从B2C到O2O

如果说B2C为品牌走到"线上"提供了切实可行的途径，那么如何解决实体企业"线上、线下双手互搏"的尴尬局面，O2O将是一个主流的发展方向。

O2O指Online-to-Offline（线上与线下），即企业将线下的商务机会与互联网结合在一起，让互联网成为线下交易的平台，由线下实体店完成最终的服务。其关键点在于，平台通过在线的方式完成于消费者的订单交易，但真正消费的服务或者产品必须由消费者去线下体验。比如我们平常生活中接触最多的"团购"就是典型的O2O模式：网上选择服务或商品，提交订单并在线支付，消费者得到一个交易二维码或者数字编号，凭借它到相应商家的实体店铺完成最终消费。

现在，虽然不论是传统企业，还是电商从业者，都把O2O作为未来电商发展的大趋势而列入战略布局，但是由于O2O模式并非简单的互联网模式，它的实施对企业的线下资源整合能力是一个巨大的挑战。比如怎样避免"线上付款后，线下体验不及预期"的问题，如何平衡"线上用价格优势吸引顾客预约消费，与线下顾客即时消费的价格差异"问题，如何"整合线下资源信息，在线上产生消费者黏度"的问题等。

阿里巴巴集团作为中国最早布局O2O模式的电商领头羊，其业务涉及O2O链条的各个方面，堪称演绎O2O模式的"资深玩家"。阿里集团先是于2006年收购"口碑网"，为淘宝的用户提供团购、房租、外卖等服务；然后于2011年领投美团网B轮融资，进一步涉足团购领域；2014年1月全线收购高德地图，随后会将所有百万级的品牌商铺整合到线上，以实现O2O产业中最基础，也是最核心的板块；2个月后，阿里巴巴集团再以53.7亿元港币对银泰商业集团进行战略投资，欲将共同打通线上线下的未来商业基础设施体系；与此同时，支付宝全力支持在线支付系统。

总之，在阿里集团看来，与O2O产业相关联的第三方服务体系至少包含地图、WIFI、营销体系、手机体系等。而地图区域营销、会员体系营销、线上支付体系、线下物流及商品服务体系这四大要素共同构成O2O一个完整的产业闭环。

说到这里，再让我们来回顾下欧莱雅"小美盒"O2O闭环案例："小美盒"线上会员饥饿营销；消费者线上下单并支付；顾客定位信息识别送货地址；消费者拿到"私人订制"的化妆品套餐。

1.5.5　梦圆何时——从O2O到C2B

如果说O2O是电子商务的极致，那么在中国电商的理念里，将商务进行电子化的极致就是C2B。

C2B意即Customer-to-Business（顾客对企业），其商业逻辑是先由消费者提出需求，后由生产企业按照需求组织生产。通常是消费者根据自身需求定制产品和价格，或主动参与产品设计、生产和定价，生产企业进行定制化生产。

仍然以淘宝为案例进行引述。根据2014年初最新的数据，整个淘宝B2C产业背后有1.2万亿的市场，而在其B2B产业背后则有高达3万亿的供应链市场。但这么大一个市场，仅有5%在电子商务端，也就是说还有95%的市场是没有被电子商务化的。既然那么庞大的一个市场仍然活跃在线下，那么该怎样运用互联网思维、大数据的技术手法将这些传统实体产业搬到线上呢？我想这个问题会一直伴随着实现C2B这一伟大梦想的整个征程。

那么理想的C2B产业，或者商务的电子化，究竟是一种什么样的状态呢？目前看来，至少有以下几个框架性的边界。

（1）传统实体店这一"渠道"的价值会被弱化，整个C2B产业以产品和服务为核心将越来越重要，而且产品和服务会被电子化，如今的二维码就是一个重要的基础；

（2）以地理位置为核心的社区化营销将会越来越重要，大数据会帮助实体门店根据消费者需求进行更为精准化的服务；

（3）在线支付功能将是整个C2B产业里面至关重要的一环；

（4）线下实体店铺的统一管理、物流系统的整合及调动，会被以大数据处理的形式集中到"电子商务部门"进行全局管控；

（5）以手机这类终端为核心的移动互联设备将成为消费者与企业之间的关键桥梁。

当然，这么庞大的一个产业不可能一蹴而就，作为普通的电商参与者也没有必要"因为山峰的险峻，就连一开始的缓坡都放弃了"。笔者认为，我们面对C2B这个伟大的梦想，也应当"发展中的问题在发展中解决"，2014年已经被中国电商们作为O2O开局的一个元年而"立碑"宣誓了。

至于C2B运营的案例，我们不妨把目光转移到在美国科罗拉多州

Boulder 市注册的一个综合性网站 The Cotery 上。这个由创始人 Charlotte Genevier 于 2013 年创立的网站，可以玩众筹、可以在线做买卖，还可自带后端物流管理工具。它的商业逻辑是新手设计师在 The Cotery 上面开设小店，在自己的网店里上传服装设计作品，由顾客进行选购。当某一款作品的预购量达到 200 件，The Cortery 的后端系统就会自动识别交易生效，然后完成向顾客预收款、采购布料、联系服装厂完成制作等步骤，并最终将订单邮寄到消费者手中。而其商业模式则是从每单交易中提取一定比例提成，这部分提成足以在支付服装制作、物流、网站运营等成本的基础之上保证一定的利润，然后剩下的钱归设计师所有。

The Cortey 的优势是没有额外库存，因为服装的制造是严格按照预售订单来完成的，甚至在制衣厂也因此避免了因布料采购不当造成的损失。另外网站为设计师解决了销售、物流等后端问题，他们只需把精力完全投入更好的设计中，这也符合了 C2B 强调以产品为核心的宗旨。当然 The Cotery 唯一需要优化的是服装网购都会面临的"不能试穿"的问题。

第 2 章 本土奢侈品行业就业市场

2.1 国内奢侈品行业的机遇与挑战

在不经意的阅读间,来到了本书的最后一个章节,殊不知在写作时间上,却与上一个章节跨越了逾两年之久的历程。在这段充实的时光里,笔者游历了欧洲 15 个国家,经历了回国从事"时尚产业 + 互联网"的创业历程,也切身体会了宏观政策与经济环境影响下国内奢侈品行业经营与就业状况的不易。而就如"时间是检验真理的标准"这句名言所喻示的一样,带着时间跨度去观察和评判一个市场的发展和变化,使得这一章节的编写工作变得更为客观而有意义。

根据咨询公司贝恩(Bain)于 2016 年 1 月发布的《2015 年中国奢侈品市场研究报告》,2015 年中国奢侈品市场销售额继 2014 年较 2013 年首次出现 1% 的下滑趋势之后,再次延续 2% 的下跌行情,从 2014 年约 1150 亿元人民币的市场规模跌至 2015 年的约 1130 亿元人民币。从产品品类来看,腕表、男士服装和箱包类产品是销量下滑的重灾区;从地理区域来看,东北和华北市场是销售重灾区;而从销售渠道来看,传统线下商场

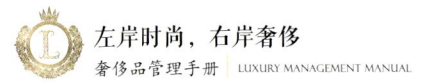

和零售门店是业绩重灾区,而与之相反的奥特莱斯和网购平台则呈现大幅增长。

那么国内奢侈品市场的持续低迷,到底该如何解读呢?是反腐政令的调控打击了公款与馈赠消费,还是市场经济的低迷,客观地抑制了奢侈消费的需求呢?

要回答这个问题,光看国内市场的数据还不够,还需要分析国人在海外市场的消费情况。根据财富品质研究院于2015年11月发布的年度《中国奢侈品报告》,2015年中国消费者在全球奢侈品消费达1168亿美元,同比增长9%,相当于买走了全球约46%的奢侈品。但与之相反的是,中国国内奢侈品市场在全球奢侈品市场的占比从2014年的11%进一步下降到了2015年的10%。相关数据显示,中国消费者2015年在境外的奢侈品消费达910亿美元,同比增长超12%,意即中国消费者约78%的奢侈品消费发生在了境外,消费外流趋势日趋严重。

从以上数据的对比结果,我们不难看出,中国消费者对于奢侈品消费的需求是真实存在的,只不过因为不同的原因,通过不同的途径流失到了境外。那么面对这样充满机遇与挑战的市场环境,我们的政府与各奢侈品公司又是如何通过政策的调整与战略决策来进行应对的呢?

2.2 关税改革和全球调价

其实每年高达好几百亿美元的奢侈品外流消费,其背后最大的诱因就是奢侈品在境内、境外高额的价差,而近些年迅速走热的境外旅游、跨境电商平台、海外专业代购则是实现购买海外商品最重要的现实推手。

消费外流,不仅意味着政府财政税收的损失,也意味着国内经济市场的缩水,于是乎扼杀价差诱因、引导国内消费行为成为政府与各奢侈品公司共同的课题。

这一次，中国举起了宏观调控的大旗，通过实施跨境进口商品新税制，从政策条令层面实实在在地开始实施"调节境外消费"的行政法律手段。

2016年3月，国家财政部、海关总署、国家税务总局等部门先后下发了三个文件：《关于调整进境物品进口税有关问题的通知》《关于跨境电子商务零售进口税收政策的通知》和《我国将自4月8日起实施跨境电子商务零售进口税收政策并调整行邮税政策》，确立了自4月8日起执行关税新政策。

其中，《关于调整进境物品进口税有关问题的通知》新增了"购买跨境电子商务零售进口商品的个人作为纳税义务人"，并规定了"跨境电子商务零售进口商品的单次交易限额为人民币2000元，个人年度交易限值为人民币20000元"。而跨境电子商务零售进口税收政策并调整行邮税政策则将行邮税过去的四档税目（对应税率分别为10%、20%、30%、50%）调整为三档税目（对应税率分别为15%、30%、60%）。这其中，新税目1为最惠国税率为零的商品，税目3主要为征收消费税的高档消费品，而其他商品被归入税目2。

应该说这一政令会给跨境电商和海淘平台带来不小的冲击，因为原本属于税目1，只需缴纳10%关税的纺织服装、皮革箱包、鞋靴等零售进口商品，由于被归入新税目2，如今需要缴纳20%的关税；万元以上的腕表关税税率由之前的30%提高到了60%；超出限额的香水、护肤品及化妆品的关税税率由50%提高到60%；而珠宝首饰的关税税率则由之前的10%调整到了现在的60%。

但另外，针对低价小额的轻奢品，关税税额则有所降低。如单次交易低于2000元限额的时尚类商品只需按照增值税（17%）以及消费税（20%）的70%进行缴纳；低于限额的化妆品的关税税率也从之前的50%降低到32.9%；低于限额的腕表税率从以前的30%降到25.9%。

由此可见，海关新税实施后，价格超过限额的奢侈品商品的进口成本将会明显上升，这其中又以高档腕表和珠宝首饰最为突出。

但这样的政策调控是否能够真正起到引导奢侈品消费回流的目的呢？被强加到个人消费者头上的境外购物成本，又真的能够引导好人们因"利差因素"导致的跨境购物的真实需求吗？

而由奢侈品行业各品牌争相推行的"全球协调去价差"策略，则可视为解决连续低迷的中国本土奢侈品市场最直接的手段。

2015年12月14日，奢侈品集团普拉达（Prada）发布的前三季度财报显示中国地区销量发生严重下滑，达到26%，这也直接导致了整个亚太地区的整体销售下降17.0%。至于销量下滑的原因，由多重因素导致，除了国内的反腐政令使得商务馈赠消费得到抑制以外，欧元对人民币汇率跌至有记录以来的最低点也使得海外代购和出境旅游购物持续升温。对此，普拉达首席执行官Patrizio Bertelli表示会推行全球协调定价，通过提高欧洲区售价把目前欧洲与中国35%的价差幅度缩窄至10%~15%，以希望把中国顾客留在本地消费。

但其实，普拉达并不是第一家采取在中国降价以吸引消费的奢侈品牌。早在2015年3月15日，顶级腕表品牌百达翡丽（Patek Philippe）宣布在中国市场降价18%；同月宣布降价的还有LVHM集团旗下的中高档腕表品牌泰格豪雅（TAG Heuer），其在中国降价幅度高达5%~35%；次月，瑞士历峰集团旗下多个高档腕表品牌，如卡地亚、积家等，亦宣布在中国有降价活动。

除此之外，实行"全球协调去价差"的典范依然非奢侈品牌香奈儿（Chanel）莫属。早在2015年3月，香奈儿即开始针对旗下最主要的收入来源产品——手袋，进行全球协调调价，在欧洲地区明显提价，而同时在中国地区降价，目的就是直接打击欧洲代购市场，特别是让中国消费者的购买活动发生在中国境内。正是受这家奢侈品牌领头羊的"示范作用"，降价行为开始在奢侈品行业掀起一阵旋风，让诸多奢侈品牌如古驰

（Gucci）、阿玛尼（Armani）、芬迪（Fendi）、迪奥（Dior）等纷纷加入降价大军。

那么，采取降价行动后的各奢侈品公司在中国市场的经营状况又如何呢？要知道，在成本不变的情况下，降低终端零售价，就无异于在牺牲利润及盈利率。从奢侈品全球价差来看，中国市场高出的价格部分主要来自关税、消费税以及增值税等税费。因为随着中国房地产市场的持续升温，奢侈品牌零售门店所处的核心商圈的地租已经相当高昂，租赁成本并不会比欧洲便宜多少。另外，中国奢侈品行业从业人员的薪酬成本也随着时间的推移在逐渐向欧洲看齐。

如何在降价的大趋势中，控制好综合成本，做好多渠道营销，似乎一下子成为摆在各在华奢侈品公司面前的一道难题。

2.3 关店潮与去高管化

2015年，围绕在国内各大奢侈品牌身上的新闻关键词，除了降价，就是"关店"了。根据贝恩发布的《2015年中国奢侈品市场研究报告》，受调研的24家奢侈品公司（含轻奢品牌），有18家品牌公司在过去的一年有各种策略性的关店行为，其中仅路易威登一家就在2015年1月同时关闭了位于广州、哈尔滨和乌鲁木齐的3家门店，力度不可谓不大。而来自德国的传统奢侈品牌雨果博斯则在2015年先后关闭了11家门店，调整力度居各奢侈品公司之最。

不过，需要注意的是，大众并不需要过度解读奢侈品牌的关店行为，片面地认为是他们业务的退缩。相反，我们应该将其理解为一种理性状态下积极的应对策略。因为在各奢侈品牌完成了过去十几年快速扩张、开店圈地的渠道渗透后，消费者的审美能力与理性消费程度也开始逐渐成熟起来，过去开店就能盈利的景象已经一去不复返了，各奢侈品牌零售门店都应回归到商业的本质——坪效管理上来。从商品定义的角度来看，商圈触手可得的商品并不符合"奢侈品"稀缺、不可易得的理念和属性。而从营销的角度来看，如何提升门店特色、提供个性而高质量的服务、实现门店功能多元化，才是奢侈品牌应有的区别于普通时尚品牌的存在价值。

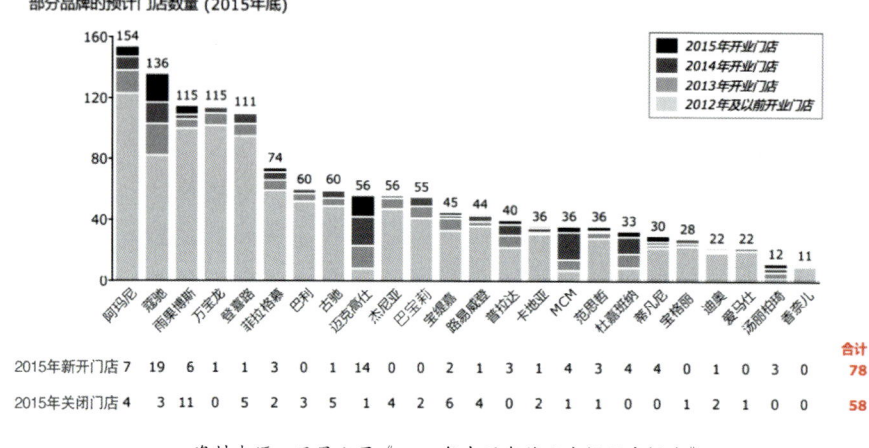

资料来源：贝恩公司《2015年中国奢侈品市场研究报告》

因此，我们实际看到的情况是，包括路易威登、杜嘉班纳、迪奥在内的奢侈品牌，都在新店或者老店的基础之上，提供更好的装修效果及店内服务，以提升店内整体的购物体验，通过让新老顾客在店内逗留更长的时间，提高潜在的消费机会。

客观地说，关闭部分销售业绩欠佳的门店，在更为合适的商圈选址新店，将更多的营销资源和更好的服务投入关键重点店铺，是奢侈品公司控制综合成本、提高销售业绩的一个理性而有效的举措。

面对萧条惨淡的中国市场，奢侈品集团的应对方案远不止调整零售门店那么简单。业务架构的调整，往往伴随着人事制度的调整，奢侈品公司也在重新寻求更为直接的管理大中华区的业务，最直接的手段就是将控制权收回欧洲集团总部。

2014年9月，古驰（GUCCI）母公司法国开云集团（Kering）宣布了集团亚太区总裁邓婉颖女士于 2014 年 12 月 1 日的离职信息,接替她的是集团亚太区人力资源副总裁、法律顾问。其实,这也并不是去高管化的个例,因为 2014 年作为中国奢侈品行业全面进入负增长的第一年,中国市场就已经被国际奢侈品牌消极对待,从缩减中国市场预算、不作长久经营规划,到降低人力薪酬成本、减少录用高级人才,早就埋下了中国区高管层人事变动隐患的种子。而事实上,整个 2014 年,奢侈品牌中国区高级管理层人事变动在 60% 以上。

2.4 电商化的浪潮

2016 年,电子商务的浪潮继续席卷着涉及人们生活的方方面面,出行有 Uber 和滴滴打车,餐饮有饿了么,旅游住宿有民宿网,而经营服饰、鞋履、皮具的各奢侈品公司们,也几乎都一改之前犹豫、矛盾的心态,开始争先恐后地集体"触电"。

目前来看,奢侈品牌实施电子商务策略,主要是为了实现两个目标:一个是品牌营销的电商化,另一个则是产品销售的电商化。

针对品牌营销的电商化,还是根据贝恩 2015 年的报告数据来看,78% 受调研的准奢侈品消费者通过互联网和移动 APP 来获取奢侈品信息,而传统纸媒的代表——杂志,则只贡献了 31% 的概率,并且呈持续下滑趋势。另外,在互联网渠道中,微博、微信和品牌 APP 则呈现出持续火热的势头。当然,这一切,和奢侈品牌在移动互联网平台持续的精心耕耘密不可分。香奈儿通过微博与其中国区形象代言人周迅进行互动,发布周迅香奈儿街拍系列,在积累百万量级粉丝的同时,狠狠地提升了一把品牌黏度。以此同时,香奈儿还在微博、微信、品牌官方网站和移动 APP 上发布新品广告时装秀,充分利用消费者的碎片时间,进行品牌线上营销。到如今,我们已经很难找到抗拒网络营销的奢侈品牌了，特别是在中国，几乎所有的一线奢侈品牌都已开通了微信公众号和官方微博，用于品牌营销和人员招募，部分品牌还开发了自己的中文 APP 以更为贴近中国消费者的生活。

针对产品销售的电商化，或许一两年前奢侈品牌高管们矜持和骄傲的表情还犹在眼前，不过在现实销量数据的压力下，似乎没有什么传统的标签或者高高在上的自尊心是不可以被撼动的。前有蔻驰（Coach）和巴宝莉（Burberry）入驻天猫平台，后有泰格豪雅（TAG Heuer）签约入驻京东，今有卡地亚（Cartier）正式开通中国区电商平台，奢侈品牌们纷纷试水 B2C 电商平台，只会让这一商务模式变得更为成熟和彻底。当然，电商市场的开拓从来不是一帆风顺的，根据财富品质研究院发布的《2015 中国奢侈品报告》，有 49% 受调研的中国消费者表示不会在网上购买奢侈品，有 38% 的人表示愿意尝试。这个是由奢侈品高昂的价格属性和传统的线下购物体验习惯共同决定的，需要奢侈品牌们花时间去悉心培养、引导和改变。

另外，我们也要看到奢侈品牌们涉足 B2C 电商后对传统线下门店的影响和冲击。只不过在电商化浪潮这一不变的大趋势下，我们应该把这种影响和冲击积极地转化为变革的动力，而非视为制约进步的阻碍。因为当线下零售店铺逐渐转变为以体验消费和个性化定制服务为主的场所后，更为便捷的兼具浏览、下订单和支付功能的线上平台注定会成为一个综合网上商务平台。而这一逻辑其实也正好符合 O2O 闭环的商业模式。并且借助 2016 年最火热的大数据技术，通过网络平台搜集用户购物行为及个人喜爱偏好，奢侈品牌还可以在线下门店为目标消费者提供更具针对性的个性化服务，从而实现一店多功能服务的高效门店管理。

2.5 关于职业生涯的一点思考

在 2012 年前后，从事奢侈品行业曾经是一件令人艳羡的工作，身着同是名牌的工作服，出入城市最高端繁华的商业中心，拥有丰厚的薪酬，享受旁人渴望的目光。这也使得出国就读奢侈品管理专业成为当时一大批有艺术向往、有物质追求的中国留学生的热门选择。然而时过境迁，当时间冷却了大众热切而盲目的追求，当现实揭露了市场应有的真相，当共识回归到商业的本质，我们才真正知道当初选择出国留学所追求的工作状态，是否是自己内心一致的向往；当初所耳闻的行业状况，是否符合自己追求的社会定位。

这种巨大的落差背后，有教育体系的原因，也有行业市场差异的原因。

从教育体系来讲，中国国内并不具有开设相关管理课程的学位或者院校，毕竟一个从未诞生和培养过自己本土奢侈品品牌的国度，是很难去积累和梳理属于自己的奢侈品管理体系和教材、教案的。当时间来到 2011 年前后，面对全球范围内，特别是中国地区火爆的奢侈品市场，以及大批有强烈出国留学需求的中国学生，法国巴黎的一些顶级商科、经济类院校率先整合师资，推出了"奢侈品管理"类的硕士或 MBA 学位。快速发展的奢侈品行业产生了大量的高学历专业人才的需求缺口，使得这门学科迅速在英国、意大利等传统奢侈品强国推广开来。

但奢侈品管理毕竟是一门综合性商业管理学科，涉及了奢侈品品牌营销、奢侈品消费心理学、奢侈品店铺及零售管理、供应链管理、金融及财务管控、商品陈列、时尚买手、服装设计与剪裁，以及组织架构管理和人力资源管理等。这使得拥有"奢侈品管理"硕士或者 MBA 学位的学生表面上好似通晓诸多奢侈品商业运营管理知识与技能，但受学时长度与学习深度的限制，似乎又在每一个方面，都不是那么精通擅长，可以在工作中信手拈来。这也就使得许多学习奢侈品管理的留学生在试图进入大企业实习，或者临近毕业寻找心仪工作的时候，面临一个非常尴尬的境遇。一方面，奢侈品行业有条不成文的规矩是每个员工都要有一线零售门店从事销售岗位的工作，因为只有这样才能在一线了解品牌自身的产品，以及目标消费者。但如果是在欧洲诸如巴黎、伦敦、米兰这样文化自由平等的国际大都市工作还好，如果是放在国内二三线城市的奢侈品零售门店，巨大的心理落差，是许许多多出国留学后拿着一纸"奢侈品管理"研究生学位的中国留学生那骄傲的自尊心所远远不能接受的。另一方面，当有些综合素质较强的中国留学生转而想要寻求国际高级公关公司、顶级奢侈品牌广告与市场营销部门，或者世界顶级咨询公司的职位时，他们又会发现自己相较于那些有针对性的专业背景的毕业生而言，有太多的功课差距需要弥补。

从行业市场来讲，奢侈品行业各集团品牌的总部，大多集中在欧洲的法国、意大利、瑞士和英国。在那里，整个奢侈品行业的产业链上，从产品设计与研发、供应链、高端制造与传统顶级手工作坊、销售，到市场公关与营销，都有着完整而充足的职位需求。而对于欧洲以外的市场，特别是 2015 年以后中国这样被奢侈品欧洲总部收回了直接管理权的市场而言，可供中国区职业人才发挥的舞台就要少很多了。

抛开化妆品、高档腕表、汽车、酒店、红酒等奢侈品品类不谈，仅从服装、皮具类奢侈品牌公司来说，整个奢侈品管理价值链上留给中国区职业经理人发挥的空间似乎就只剩销售管理了。因为奢侈品的设计与研发，其决定权毋庸置疑掌握在各大奢侈品牌欧洲总部，或者说那些金字塔尖的顶级设计师手中。奢侈品的供应链管理是欧洲总部汇集全球信息以后统一调配的；奢侈品的加工制造是按照统一标准流程严格管控和实施的；奢侈品零售店铺的装修与商品陈列是欧洲总部邀请知名设计师精心设计后，全球统一调整与管理的，留给各区域市场发挥的空间非常有限；奢侈品的广告与市场营销方案也是由欧洲总部统一制定或决策，分派给全球各区域的。

  但是这也并不意味着优秀的留学生们在奢侈品行业就没有施展个人才华的舞台了，毕竟中国还是一个有着上千亿规模的发展中市场，对于具有行业内留学经历的高学历人才的需求永远是有的，只不过现阶段有一个结构性和阶段性的调整。立志于从事奢侈品行业的优秀精英们，不妨调整好心态，认准一个方向，在某一个细分领域，精耕细作、踏实积累，做到术业有专攻，毕竟机遇永远是留给有恒心、有准备的人的！

参考文献

[1] 赵忠秀,周婷,姚士锋.中国奢侈品报告[R].北京:中国经济出版社,2011.

[2] 高桥千枝子.高价也能畅销:奢侈品营销的7项法则[M].曹艺,译.北京:人民邮电出版社,2007.

[3] 杨明刚.国际顶级品牌:奢侈品跨国公司在华品牌文化战略[M].上海:上海财经大学出版社,2006.

[4] 常彬.国际奢侈品品牌推广研究[D].北京:中国人民大学,2010.

[5] 朱桦.经典与时尚:当代国际奢侈品产业探析[M].上海:上海人民出版社,2012.

[6] 帕米拉·N 丹席格.流金时代:奢侈品的大众化营销策略[M].宋亦平,朱百军,译.北京:新星出版社,2007.

[7] 拉哈·查哈,保罗·赫斯本.名牌至上:亚洲奢侈品狂热解密[M].王秀平,顾晨曦,译.上海:上海财经大学出版社,2010.

[8] 孔淑红.奢侈品产业分析[M].北京:对外经济贸易大学出版社,2010.

[9] 仲谋.奢侈品法律环境[M].北京:对外经济贸易大学出版社,2012.

[10] 李杰.奢侈品品牌管理:方法与实践[M].北京:北京大学出版社,2010.

[11] 米歇尔.奢侈品品牌管理[M].卢晓,译.上海:汉语大词典出版社,2008.

[12] 孔淑红. 奢侈品品牌历史 [M]. 北京：对外经济贸易大学出版社，2009.

[13] 朱明侠. 奢侈品市场营销 [M]. 北京：对外经济贸易大学出版社，2012.

[14] 李洋. 奢侈品物流管理 [M]. 北京：对外经济贸易大学出版社，2012.

[15] 邵灵霞. 奢侈品消费税的社会经济效应分析 [D]. 北京：中国人民大学，2010.

[16] 王菲. 奢侈品消费者行为学 [M]. 北京：对外经济贸易大学出版社，2012.

[17] 李肇. 奢侈品行业一线销售人员的培训创新研究 [D]. 北京：中国人民大学，2011.

[18] 刘晓刚. 奢侈品学 [M]. 上海：东华大学出版社，2009.

[19] 斯蒂芬·马尔. 奢侈品之战 [M]. 文爱艺，译. 成都：四川人民出版社，2009.

[20] 向勇，唐金楠. 时尚经济漫谈：时尚与奢侈品营销之道 [M]. 北京：金城出版社，2010.

[21] 袁媛. 试论消费社会中的广告视觉文化 [D]. 北京：中国人民大学，2010.

[22] 杨清山. 中国奢侈品本土战略 [M]. 北京：对外经济贸易大学出版社，2009.

致　谢

　　从北京到巴黎，从留学到回国，内心深处一直埋藏着一个坚定的声音，写一本书，来见证二十几岁那不曾被虚度的年华。

　　不忘初心，两年时光中那些精彩而难忘的经历还犹如故事画报一样在脑海中放映，也伴随着本书断断续续的篇章写作在欧洲不同的国家和城市被有感而发地记录下来。

　　穿越时间的跨度、经历生活的变迁，在一种更为客观的心态下，我终于用十几万字，描绘出了潜意识中本书该有的模样，也真诚地希望书中所记载的内容能起到价值传播的作用。

　　在本书的编写过程中，我的灵感来源真实地得益于两个鲜明的时空地域。一个是宁静的中国人民大学校园，学校图书馆为我提供了一个非常好的博览群书的环境，整本书的创作初心和大略框架都诞生于此。这使得我以后不论是在世界任何一个繁华或者偏寂的城市，都能在追溯这段清苦却专注的回忆时，保持一颗平凡而笃定的心。另一个则是那永远令人向往的巴黎，就如同海明威所讲的那样，如果你年轻时有幸在巴黎生活过，那么今后无论你去到那里，巴黎永远都会与你同在，因为它是一场流动的宴席。如今的我，也正应了这句话，不论在生活中拥抱快乐或遭遇悲伤，亦能不急不躁，不惧过去，不畏将来。

　　本书在起稿立论阶段，也得到了很多来自中国人民大学出版社、中国人民大学老师和同学们的认可与建议，在写作思想萌芽的关键时期，这些支持与帮助于我而言犹如一种无法言喻的坚定的力量，陪伴我熬过连续几个月图书馆里每天清苦的查阅与编写工作，请允许我借此机会向他们表示

致 谢

一致的感谢！

最后，我想把最由衷的感谢送给我的爸爸和妈妈，一路走来，不论清晨或深夜，不论游子远方或蛰伏于室，抑或不论成功与失败，他们永远都是那默默守候在我背后坚定而深情的力量，不惊不扰、不悲不喜。我的一切成长、收获与成功，非此不能长全。

黄浩洲

2017 年 3 月 17 日于中国香港